KB259884

게으를 권리

폴 라파르그 글모음

게으를 권리
폴 라파르그 글모음

지은이 | 폴 라파르그
옮긴이 | 차영준

1판 1쇄 펴낸날 | 2009년 4월 1일
1판 5쇄 펴낸날 | 2017년 4월 20일

펴낸이 | 이주명
편집 | 문나영
출력 | 문형사
종이 | 화인페이퍼
인쇄 | 한영문화사
제본 | 한영제책사

펴낸곳 | 필맥
출판등록 | 제300-2003-63호
주소 | 서울시 서대문구 충정로2가 184-4 경기빌딩 606호
홈페이지 | www.philmac.co.kr
전화 | 02-392-4491
팩스 | 02-392-4492

ISBN 978-89-91071-52-0   03990

잘못된 책은 바꾸어 드립니다.
값은 뒤표지에 있습니다.

이 도서의 국립중앙도서관 출판시도서목록(CIP)은 e—CIP홈페이지(http://www.nl.go.kr/cip.php)에서 이용하실 수 있습니다. (CIP제어번호 : CIP2008003529)

게으를 권리

폴 라파르그 글모음

차영준 옮김　필맥

차례

게으를 권리

머리말

1849년에 티에르(나중에 파리코뮌 탄압의 주역이 되는 프랑스의 정치인 아돌프 티에르를 가리킴—옮긴이) 씨는 초등교육위원회의 비공개회의에서 다음과 같이 말했다. "성직자들이 영향력을 제대로 발휘해주었으면 한다. 인간은 즐기기 위해서가 아니라 고난을 겪기 위해서이 세상에 존재한다는 훌륭한 철학을 널리 보급하려면 그들의 힘이 필요하다." 티에르 씨의 이 발언은 자본가계급의 윤리의식과 극도의 이기주의, 그리고 그들의 편협한 지성을 구체적으로 드러낸 것이었다.

부르주아지는 성직자들에 의해 지탱되는 귀족계급에 대항해 투쟁하는 과정에서 '자유사상'과 '무신론'을 기치로 내걸었다. 그러나일단 승리를 거두자 그들은 어조와 태도를 싹 바꿔, 이제는 종교를 이용해 자신들의 경제적, 정치적 패권을 정당화한다. 자본가들은 15~16

세기만 하더라도 이교도의 전통을 받아들여 육체와 그 열정을 찬미했기에 기독교의 공격을 받았다. 그러나 물질적 풍요와 쾌락의 맛을 본 뒤에는 라블레나 디드로 같은 사상가의 가르침을 부정하고 임금노동자들에게 금욕을 설교하기에 이르렀다. 기독교 윤리를 천박하게 모방한 자본주의 윤리는 노동자의 육체에 파문을 선고했다. 생산자인 노동자들이 필요로 하는 것을 최소한으로만 제공하고, 그들의 기쁨과 분노를 억압하고, 그들에게 기계의 일부가 되어 휴식도, 대가도 없이 일만 하라고 선고한 것이다.

혁명적인 사회주의자는 과거에 부르주아 철학자와 논객들이 전개했던 투쟁을 다시 시작해야 한다. 자본주의의 윤리와 사회이론이 펼치는 공세에 맞서면서 앞으로 나아가야 한다. 지배계급이 노동자들의 머릿속에 심어 넣은 편견을 제거해야 한다. 온갖 도덕적 체계를 내세우는 위선자들에게 이 세상은 더 이상 노동자의 눈물로 얼룩지지 않을 것이라고 선언해야 한다. '가능하면 평화적으로, 그러나 어쩔 수 없다면 강제적으로' 건설해야 할 미래의 공산사회에서는 인간의 열정이 구속당하지 않을 것이다. "인간의 열정은 본디 모두 선한 것이며, 남용되거나 오용되는 경우를 제외하고는 그것을 회피할 이유가 없다"[1]는 말이 맞기 때문이다. 또한 여러 가지 열정이 서로 완벽한 균형을 유지하거나 인간이라는 유기체가 조화롭게 발전하는 경우가 아닌 한 열정은 억눌러지지 않는다. 베도(영국의 인류학자인 존 베도를 가리킴

---

1 르네 데카르트, 《정념론》

─옮긴이) 박사의 말처럼 "인간은 육체적 발전이 정점에 이르러야만 최상의 에너지와 도덕적 활력을 얻기" 때문이다. 이는 위대한 자연주의자인 찰스 다윈이 제시한 견해이기도 하다.[2]

이 글은 '일할 권리'에 대한 반박으로서 1880년에 주간지 〈레갈리테〉에 두 번째 연재물로 게재됐던 원문에 약간의 주석을 추가한 것이다.

1883년 생트펠라지 형무소에서, 폴 라파르그

1장 끔찍한 교리

"모든 일에 게을러지자. 사랑하고, 술을 마시고, 게으름부리는 것만 빼고." - 레싱

자본주의 문명이 지배하는 국가의 노동자들은 기묘한 환각에 사로잡혀 있다. 그것은 여러 세기에 걸쳐 불쌍한 인류를 괴롭혀온 개인적, 사회적 재앙을 줄줄이 몰고 다니는 환각이다. 그것은 일에 대한 애착 또는 노동에 대한 처절한 열정인데 각 개인과 그 후손의 생명력을 고갈시킬 정도에 이르렀다. 그러나 성직자와 경제학자와 도덕가들은 이러한 정신적 이상상태에 반대하기는커녕 노동에 거룩한 후광을 씌웠다. 어리석고 눈먼 인류는 신보다 더 현명해지고자 했다. 나약하고 하찮은

---

2 존 베도,《인류학회에 대한 회상》; 찰스 다윈,《인류의 유래─성적 선택》

인류가 신이 저주한 것을 자기들이 다시 살려냈다고 감히 생각했다. 나는 기독교인도 경제학자도 도덕가도 아니지만, 자본가들의 심판에 호소하기보다는 그들이 믿는 신의 심판에 호소하려고 한다. 아울러 종교와 경제와 자유사상에 대해 자본가들이 늘어놓는 윤리에 주목하기보다는 자본주의 사회에서 노동이 초래하는 끔찍한 결과에 주목하고자 한다.

자본주의 사회의 노동은 모든 지적인 퇴화에 원인이 되고, 모든 유기체를 기형으로 만든다. 로스차일드의 마구간에서 사람의 시중을 받는 순종 경주마와 노르망디 지방의 농장에서 땅을 일구고 짐수레로 퇴비와 곡식을 나르는 소를 비교해보라. 장사꾼 같은 선교사들과 선교사 같은 장사꾼들이 기독교와 매독과 '노동의 교리'로 타락시키지 못한 고귀한 미개인들을 보라. 그리고 기계의 노예로 전락해버린 우리의 가련한 노동자들을 보라.[3]

---

3 유럽인 탐험가들은 미개인의 아름다운 육체와 자긍심에 경이감을 억누르지 못한다. 뢰피히 (여러 해에 걸쳐 중남미를 탐사했던 19세기 독일의 탐험가이자 생물학자인 에두아르트 프리드리히 뢰피히를 가리킴—옮긴이)의 표현에 따르면 미개인들은 '문명의 유독한 입김'에 의해 더럽혀지지 않은 사람들이다. 조지 캠벨 경은 오세아니아 섬에 사는 원주민들에 대해 이렇게 말했다. "그들만큼 첫눈에 호감을 강하게 주는 사람들도 없다. 구릿빛이 은은하게 감도는 부드러운 피부며 금빛으로 굽이치는 머리카락이며 아름답고 행복한 표정이며 … 한마디로 온몸이 다 새롭고 멋진 '인류'의 표본이다. 외모를 보면 그들이 우리보다 훨씬 우월한 인종이라는 생각이 든다." 카이사르와 타키투스 같은 고대 로마의 문명인들 역시 로마제국을 침공한 게르만 족에게 이러한 경이로움을 느꼈다. 타키투스의 시대를 지나 5세기에 '주교(主教)들의 스승'이라는 별칭을 얻은 성직자 살비아누스 또한 문명화한 기독교인들에게 야만족을 모범으로 삼아야 한다고 말하며 야만족을 치켜세웠다. "우리는 야만족보다 음탕하다. 야만족이 훨씬 순결하다. 더구나 우리가 정숙하지 못하기 때문에 그들이 상처를 입는다. 고트 족은 자기네 부족 안에 난봉꾼이 있으면 그냥 놔두지 않는다. 로마인만이 제국이나 가문 따위와 관련된 비열한

문명화한 유럽에서 인간이 원초적으로 지녔던 아름다움의 흔적이라도 발견하려면 경제적 편견이 노동에 대한 혐오를 아직 제거하지 못한 나라를 찾아가야 한다. 스페인은 유감스럽게도 타락일로에 있지만, 공장의 수가 아직까지는 프랑스에 있는 감옥과 막사의 수보다 적다는 사실을 자랑거리로 삼을 수 있다. 예술가들은 몸이 튼튼한 안달루시아인을 즐겨 찬미한다. 밤나무 같은 피부색에 몸은 강철 회초리처럼 올곧으면서도 유연한 안달루시아인, 낡은 망토를 멋들어지게 두르고 오수나 공작과 아미고(친구)처럼 대화하는 안달루시아인…. 원초적인 동물성이 완전히 없어질 정도로 퇴화하지 않은 스페인 사람들에게 노동은 최악의 굴종이다.[4] 전성기의 그리스에서는 노동이 경멸의 대상이었다. 노예만 노동을 할 수 있었고, 자유인은 심신을 단련하는 일에 몰두했다. 그래서 그 시기에 아리스토텔레스, 피디아스, 아리스토파네

특권을 내세우며 음란한 생활을 한다(당시에 남색(男色)이 종교를 불문하고 최고조로 만연했다). 억압받는 자들은 야만족에게 찾아가 자비와 피난처를 구했다."(살비아누스,《신의 통치》). 낡은 문명과 신흥 기독교가 고대 세계의 야만족을 타락시켰다. 마찬가지로 낡은 기독교와 오늘날의 자본주의 문명이 신세계의 미개인들을 타락시키고 있다.

르플레(19세기에 프랑스의 사회학자이자 경제학자였던 피에르 기욤 프레데릭 르플레를 가리킴—옮긴이)는 우리가 동의하기 어려운 사회학적 결론을 도출하긴 했지만 관찰력만큼은 인정해줄 만한 사람이다. 그는 박애적이고 기독교적인 프루동주의로 오염된 저서 《유럽의 노동자》(1885)에서 다음과 같이 주장했다. "게으른 성향이 있는 바슈키르 족(우랄산맥의 아시아 쪽 비탈진 곳에 거주하는 반(半)유목민족)은 유목생활을 한가로이 즐기며, 명상하는 습관을 천부적으로 타고났다. 이러한 특성으로 말미암아 그들의 각 사회계층은 상대적으로 더 발전한 문명의 상응하는 사회계층보다 세련된 예의범절을 갖추고 있고 지능과 판단력이 더 뛰어나다. … 바슈키르 족이 가장 싫어하는 일은 농사다. 그들은 농사만 제외하고는 무엇이든 할 사람들이다." 사실 농사는 역사상 최초의 노예노동이었다. 또한 성경에 따르면 최초의 범죄자인 카인은 농부였다.

4 스페인에는 이런 격언이 있다. "휴식은 건강에 이롭다."

스 등이 대중 속에서 호흡하며 활동했다. 아울러 그 시기는 마라톤 평야에서 영웅들이 아시아의 대군을 무찔렀으나 이내 알렉산더의 지배를 받게 된 시기이기도 했다. 고대의 철학자들은 자유인을 타락시키는 노동을 혐오하라고 가르쳤다. 시인들은 신의 선물인 게으름을 노래했다. "오, 멜리보이우스여, 신이 우리에게 여가를 주었나니"[5] 하고.

예수는 산상수훈에서 게으름에 대해 이렇게 설교했다. "들에 핀 백합화를 생각해보아라. 그것은 힘들여 일하지도 않고 길쌈도 하지 않는다. 그러나 온갖 영화를 누린 솔로몬도 결코 그 꽃 한 송이만큼 화려하게 차려입지는 못했다."[6] 진노한 하느님, 수염이 덥수룩한 하느님인 여호와는 자신을 숭배하는 사람들에게 이상적인 게으름의 대표적인 예를 보여주었다. 그 자신이 엿새 동안 일을 한 뒤에는 영원한 휴식에 들어가지 않았는가.

반면에 노동이 삶의 필요조건인 민족은? 오베르뉴인, 영국 제도(諸島)의 오베르뉴인인 스코틀랜드인, 스페인의 오베르뉴인인 갈리시아인, 독일의 오베르뉴인인 포메라니아인, 아시아의 오베르뉴인인 중국인이다. 우리 사회에서 노동 자체를 좋아하는 계층은? 소농과 상점주인이다. 소농은 들판에서 허리를 굽히고 일하고, 상점주인은 가게에서 몸을 웅크리고 땅굴 속의 두더지처럼 지내며 일할 뿐이지 일어서서 허리를 펴고 여유롭게 자연을 바라보는 법이 없다.

....
5 베르길리우스의 전원시에 나오는 구절.
6 마태복음 6장.

그런가 하면 문명화한 국가의 모든 생산자를 아우르는 위대한 계급이자 스스로 해방됨으로써 인류를 노역에서 해방시키고, 그리하여 인간이라는 동물을 자유로운 존재로 만들 계급인 프롤레타리아는 자신의 본능을 거부하고 역사적 사명을 무시하면서 스스로를 노동의 교리로 더럽혔다. 그 대가는 무시무시했다. 개인적으로나 사회적으로나 프롤레타리아가 겪는 비참함은 모두 다 노동에 대한 열정 때문에 발생한 것이다.

2장 노동의 축복

1770년에 런던에서 《통상론》이라는 작자 미상의 소책자가 나돌아 화제가 된 적이 있다. 대단한 박애주의자인 저자는 분개하면서 이렇게 말했다. "영국의 공장노동자는 자신이 영국인이기에 다른 나라의 노동자보다 더 자유롭게 살 권리와 특권을 갖고 있다고 생각한다. 이런 생각은 용기를 북돋워주기 때문에 군인에게는 유용할지 모른다. 하지만 공장노동자는 이런 생각을 덜 할수록 자신과 국가를 위해 더 낫다. 노동자는 상급자의 지배를 받지 않는다고 생각하면 안 된다. 영국처럼 전체 인구의 8분의 7 정도가 무산자인 상황에서 이런 사고방식을 장려하는 것은 지극히 위험하다. 영국의 노동자가 현재 일주일에 나흘 일하고 받는 임금으로 일주일에 엿새 일하려고 해야만 문제가 해결된다." 이처럼 영국에서는 기조(19세기 중반에 장관과 총리를 지내면서 노동자들의 운동을 탄압한 프랑스의 정치인이자 역사가인 프랑수아 피에르 기욤 기조를 가리킴—옮긴이)보다도 거의 1세기 전에 인간의 고귀한 열정을 억제시키는 재갈로서 노동을 설교하는 사람들이 있었다. 나폴레옹은 1807년 5월 5일에 오스테로데에서 이런 글을 썼다. "백성이 더 많이 일할수록 악행이 줄어든다. 짐이 곧 국가다. … 일요일에도 예배가 끝나면 상점은 다시 문을 열고 노동자는 일터로 복귀하라."《통상론》의 저자는 게으름을 근절하고 게으름에서 비롯되는 자긍심과 독립심을 억제하려면 이상적인 노역장에 빈민들을 수용해야 한다고 주장했다. 그 노역장은 "하루 14시간의 근무시간 가운데 식사시간을 제외한 12시간 동안 끊임없이 일만 해야 하는 끔찍한 장소"여야 한다고도 했다.

하루 12시간의 노동! 이것이 18세기의 박애주의자와 도덕가들이 제시한 이상이었다. 게다가 우리는 그동안 이러한 극한적인 시간마저도 넘어서지 않았던가! 오늘날의 공장은 남자뿐 아니라 여자와 아이도 노동자가 되어 12시간이나 14시간 동안이나 강제노동을 해야 하는 이상적인 교정시설로 자리 잡았다.[7] 게다가 공포정치의 주역이었던 자

---

7 1817년에 릴 근방에 있는 마르케트 지역의 부유한 제조업자인 스크리브는 브뤼셀에서 열린 1차 자선협의회에서 회원들의 갈채를 받으며 그간의 성과를 설명했다. "아이들의 마음을 달래는 방법을 도입했습니다. 일할 때 노래와 셈을 하도록 가르치는 것입니다." 그렇게 해서 아이들의 주의를 분산시켜 '생존수단을 확보하는 데 필요한 12시간의 노동'을 용감하게 감내하도록 유도한다는 것이었다. 12시간의 노동이라니! 12살도 채 안 된 아이들에게 12시간의 노동이라니! 그처럼 아이들을 고문하면서도 기독교인이나 박애주의자를 자처하는 자들이 굴러 떨어질 지옥이 없음을 유물론자들은 항상 유감스럽게 생각한다.

들의 후계자들이 노동이라는 종교로 인해 타락한 나머지 1848년에 공장의 노동시간을 12시간으로 '제한'하는 법률을 받아들이면서 그것을 혁명적인 성과라고 말했던 사실을 생각해보자. 그들은 노동을 할 권리가 혁명의 원칙이라고 주장했다. 프랑스의 프롤레타리아는 부끄러운 줄 알아야 한다. 그 전에는 노예만이 그러한 취급을 받았다. 영웅시대의 그리스인이라면 자본주의 문명을 적어도 20년 정도는 겪고 나서야 그토록 저열한 생각을 하게 됐을 것이다.

강제노동의 비참과 배고픔의 고문이 성경에 나오는 메뚜기 떼보다도 많이 프롤레타리아에게 엄습하는 현실은 프롤레타리아 스스로가 초래한 결과다. 1848년 6월에 노동자들은 손에 무기를 들고 노동을 달라고 요구했고, 자신들의 가족에게도 노동이 부과되도록 했다. 아울러 산업계의 귀족들에게 아내와 아이들을 넘겨주었다. 노동자는 자기 손으로 단란한 가정을 허물어뜨렸고, 자기 손으로 아내의 젖을 마르게 했다. 가련한 여인들은 아기를 업고 광산이나 공장으로 가서 허리를 굽히고 기진맥진할 때까지 일할 수밖에 없게 됐다. 노동자는 자기 손으로 삶을 파괴하고 자녀들의 기력을 쇠진시켰다. 프롤레타리아는 부끄러운 줄 알아야 한다. 술의 신 바쿠스의 연인으로서 낯가림 없이 시원스레 재잘대던 옛날이야기 속의 수다쟁이 여자들은 다 어디로 갔는가? 온종일 돌아다니거나 요리를 하거나 노래를 부르고, 삶의 즐거움을 흩뿌리고, 건강하고 활달한 아이를 힘들이지 않고 낳던 여자들은 다 어디로 갔는가? 오늘날 공장에서 일하는 여자들은 시든 꽃과 같이 창백하다. 그들의 몸속에는 빈곤의 피가 흐르고, 그들의 뱃속은 부글

거리고, 그들의 팔다리는 축 늘어져 있다. 건강한 열정이 주는 즐거움을 모르니 그런 즐거움에 대해 흥겹게 이야기할 줄도 모를 것이다! 아이들은 어떠한가? 12시간이나 일해야 한다니, 참으로 비참한 일이다! 도덕정치학회의 쥘 시몽이나 예수회의 게르마니라는 인물이라고 해도 자본주의 공장의 부패한 환경 속에서 해야 하는 노동만큼 아이들의 지능을 떨어뜨리고, 그들의 본성을 타락시키고, 그들의 생명을 파괴하는 악덕을 생각해내지는 못할 것이다.

우리 시대를 노동의 시대라고들 한다. 그러나 실상은 고통과 비참과 타락의 시대다.

한편으로는 괴로울 정도로 혼란스러운 오귀스트 콩트에서 우스울 정도로 단순한 르로이 볼리외에 이르는 철학자와 부르주아 경제학자들, 엉터리 낭만주의자인 빅토르 위고에서 엉성하고 기괴한 폴 드 코크에 이르는 부르주아 문학가들, 이들 모두는 '노동'의 장남 격인 '진보'라는 신에 대한 역겨운 찬미가를 노래해댔다. 그 노랫소리를 들으면 행복이 금세 이 땅에 널리 퍼지거나 이미 이 땅에 도래했다는 생각이 들게 된다. 그들은 지난 시대의 먼지더미를 뒤적여 봉건시대의 비참한 모습을 찾아내어 오늘날의 즐거운 모습과 음침하게 대조시킨다. 만족스러워하는 그들에게, 과거에는 귀족의 식탁에서 시중을 들다가 이제는 부르주아에게 글로 시중을 들면서 넉넉한 보수를 받는 그들에게 우리가 진저리를 냈는가? 라브뤼예르가 묘사한 바와 같은 농부의 모습에 우리가 진저리를 낸다고 그들은 생각했는가? 여기, 프롤레타리아의 즐거움을 멋들어지게 묘사한 글이 있다. 자본가들이 성장하던 해인 1840년에 그들과 한통속인 학회원 빌레르메 박사가 쓴 작품이다. 빌레르메는 1848년에 티에르, 쿠쟁, 파시, 블랑키 등 다른 학회원들과 함께 말도 안 되는 부르주아 경제학과 윤리학을 대중에게 퍼뜨린 인물이다.

빌레르메 박사는 알자스의 제조업에 대해 말한다. 산업적 박애주의와 공화주의의 정수를 보여준 케스트너와 돌퓌의 알자스에 대해 이야기한다. 프롤레타리아의 비참한 상황을 빌레르메 박사가 어떻게 그려 보이는지를 보기 전에 알자스의 제조업자이자 돌퓌-미에그사(社)를 운영하는 미에그의 말을 들어보자. 그는 과거에는 기능공들이 어떤 환경에서 일했는지에 대해 이렇게 말한다. "50년 전, 그러니까 근대 기계산업이 태동하던 무렵인 1813년에 뮐루즈의 노동자들은 모두 대지의 자녀였다. 그들은 그 도시와 주위의 마을에 살면서 거의 모두가 집을 소유하고 있었고, 약간의 토지를 소유한 노동자도 많았다."[8] 말하자면 그 시기가 노동자들의 황금기였다는 얘기다. 그러나 당시 알자스 지방의 산업은 거기서 생산한 면직물로 전 세계를 뒤덮지도, 돌퓌와 쾨흘린을 백만장자로 만들지도 못하는 수준이었다. 그러나 그로부터 25년 뒤에 빌레르메가 알자스를 방문했을 때에는 현대의 미노타우로스인 자본주의 작업장이 그 일대를 점령한 상태였다. 공장은 인간의 노동에 대한 식욕을 주체하지 못하고 노동자들을 단란한 가정에서 끌

....

8 1863년 5월 파리에서 열린 '실용적 사회경제학 연구를 위한 국제협회'에서 한 연설. 같은 시기에 〈레코노미스트 프랑세〉에 게재됨.

어내어 쥐어짰다. 기계가 증기를 뿜어내는 소리가 신호처럼 울리면 수많은 노동자들이 모여들었다. 빌레르메는 다음과 같이 말한다.

"1만 7천 명 가운데 5천 명이나 되는 엄청난 수의 노동자들이 비싼 집세를 내며 근처 마을에 묵었다. 공장에서 5~6킬로미터 정도나 떨어진 곳에 사는 노동자들도 있었다."

"도르나흐 쪽 뮐루즈에서는 오전 5시에 시작하여 오후 8시에 끝나는 일이 사시사철 계속됐다. 아침저녁으로 노동자들이 출퇴근하는 모습은 대단한 광경이었다. 그중 상당수는 여자였다. 그들은 창백한 얼굴을 하고 진흙탕 길을 맨발로 걷기도 했고, 비나 눈이 내리면 우산이 없어서 앞치마나 스커트를 머리에 뒤집어쓰고 다녔다. 아이들도 상당히 많았다. 여자들과 마찬가지로 아이들도 창백한 얼굴에 꾀죄죄한 몰골이었고, 누더기를 걸친 몸은 일을 하다가 기계에서 옮겨 붙은 기름 범벅이었다. 그 덕택에 최소한 옷이 비에 젖을 염려는 없어 보였다. 여자들과 달리 아이들은 바구니에 그날 먹을 음식을 담아 가지고 다니지는 못했다. 대신 최대한 많은 양의 음식을 손에 쥐거나 옷 속에 넣고 다녔다. 퇴근하기 전까지는 그렇게 가져간 빵 조각으로 배를 채워야 했다."

"최소 15시간의 노동이라는 고통스러운 일과를 마친 그 가련한 사람들은 지친 몸을 이끌고 집에 도착하기까지 먼 길을 다시 걸어가야 한다. 마침내 집에 도착하면 파김치가 된 상태에서 잠에 빠져든다. 그리고 아침이 밝으면 피로가 채 가시지도 않은 상태에서 일어나 출근시간에 늦지 않도록 서둘러야 한다."

이번에는 시내에서 숙박하는 사람들의 집, 그들이 빼곡하게 들어찬 닭장 같은 집을 들여다보자. "도르나흐 쪽 뮐루즈와 그 근방의 허름한 판잣집 숙소에서 두 가족이 널빤지로 구분된 양쪽 바닥에 밀짚을 깔고 그 위에서 잠을 잔다. … 오랭의 면직물 공장에서 일하는 노동자들의 생활이 얼마나 비참했으면 제조업자나 상인이나 상점주인이나 공장감독의 자녀들 중에서는 절반이 스물한 살까지 죽지 않는 데 비해 방적공과 직공의 자녀들 중에서는 절반이 두 돌도 되기 전에 죽어버리겠는가."

빌레르메는 공장의 노동에 대해 말하다가 이렇게 덧붙인다. "그것은 노동이라고도, 일이라고도 볼 수 없다. 예닐곱 살 된 아이들에게 가하는 고문이다. 방적공장에서 날마다 긴 시간 계속되는 이러한 고문이 노동자들을 소모시킨다." 빌레르메는 노동자들의 작업시간에 대해서도 말한다. 감옥의 죄수는 10시간만 일하고 서인도제도의 노예도 9시간만 일하는데 '인권'을 호들갑스럽게 떠들어댄 1789년 혁명 이후의 프랑스에는 "근무시간이 16시간이고, 그중 1시간 30분만 식사시간으로 허용되는 공장들이 있다"는 것이다.[9]

---

9 빌레르메(L. R. Villermé), 《면직물, 모직물, 견직물 공장 노동자들의 육체적, 정신적 상태》(1840). 돌퓌와 쾨흘린을 비롯한 알자스의 제조업자들이 노동자를 이런 식으로 다룬 것은 그들이 공화주의자이거나 애국자이거나 프로테스탄트 박애주의자여서가 아니다. 학술원 회원인 블랑키, 제롬 파튀로의 원형이라고 할 만한 레보, 일관성 없이 여기저기에 다 걸치는 정치인인 쥘 시몽 등이 관찰한 바에 따르면 군주제를 지지하는 릴과 리옹 지역의 가톨릭계 제조업자들도 알자스의 제조업자들과 같은 방식으로 노동자를 다룬다고 한다. 이는 어떠한 정치적, 종교적 신념과도 기꺼이 조화를 이루는 자본주의의 미덕을 보여준다.

부르주아 혁명의 원칙이 비참하게 사산된 현실이 아닌가! '진보'
라는 신이 내린 끔찍한 선물이다. 손끝 하나 움직이지 않고 부자가 되
어 가난한 사람들에게 일을 주는 자들을 박애주의자들은 인류의 은인
이라며 칭송한다. 농촌지역에 자본주의 공장을 짓느니 차라리 전염병
을 퍼뜨리거나 우물에 독을 타는 편이 훨씬 나을 것이다. 공장노동이
도입되면서 즐거움과 건강과 자유에는 작별을 고한 셈이다. 인생을 아
름답고 살 만하게 만드는 모든 것에 작별을 고한 것이다.[10]

그리고 경제학자들은 노동자들에게 이런 말만 되풀이한다. "일
하라. 사회의 부를 증대시키기 위해." 그러나 역시 경제학자인 데스튀
트 드 트라시는 이렇게 주장한다. "사람들이 편안하게 사는 곳은 가난
한 나라다. 부유한 나라에 사는 사람들은 대체로 가난하다." 드 트라시
의 제자인 세르빌리에는 더 나아가 이렇게 말한다. "노동자들은 생산
자본의 축적에 협조함으로써 자신들의 임금 가운데 일부를 빼앗기는
상황을 자초한다." 그러나 자기들 스스로 외쳐댄 소리에 귀가 멀고 바
보가 돼버린 경제학자들은 이렇게 말한다. "일하라. 항상 일하라. 너
자신의 번영을 위해." 게다가 영국 국교회의 타운센드 목사는 기독교

---

10 브라질의 호전적인 인디오 부족들은 환자나 노약자를 죽인다. 그들은 더 이상 전투와 축제와
춤으로 활력을 얻을 수 없게 된 이들의 생명을 끊음으로써 그들에 대한 애정을 보여준다. 원시
적인 부족은 모두 다 이러한 방식으로 가족과 친지에 대한 애정을 증명한다. 독일의 벤트 족과
갈리아 지방의 켈트 족도 그렇게 했지만, 헤로도토스에 따르면 카스피 해 연안의 마사게타에
족도 그렇게 했다. 스웨덴의 교회에는 최근까지도 신자 가족의 부모가 노년의 슬픔에서 벗어
날 수 있게 해주는 '가족봉'이라는 몽둥이가 비치돼있었다. 이런 점에 비추어, 끔찍하고 비참
한 공장노동을 끈기 있게 견뎌내는 오늘날의 프롤레타리아는 얼마나 가련한 처지로 전락한
것인가!

도의 순종적 태도라는 미명 아래 다음과 같이 설교한다. "일하라. 밤 낮으로 일하라. 노동을 통해 그대들의 빈곤은 심해지고, 그러면 우리는 그대들에게 노동을 법적 강제에 의해 부과할 필요가 없어진다. 노동을 법적으로 부과하면 골치 아픈 문제가 너무 많이 생기고 너무 많은 폭력이 필요하며 잡음이 너무 많이 생긴다. 반면에 굶주림은 평화롭고 고요하며 지속적인 압박이 될 뿐만 아니라 그것 자체가 노동과 근면의 가장 자연스러운 동기이기에 가장 강력한 노력을 촉발한다." 일하라. 프롤레타리아여 일하라. 사회의 부와 그대들의 개인적 번영을 위해 일하라. 더 가난해져서 일해야 할 이유가 더 많아지도록, 그래서 더 비참해지도록 일하라. 자본주의 생산의 가차 없는 법칙이라는 것은 바로 이런 것이다.

프롤레타리아는 경제학자들의 헛소리를 들으면서 노동이라는 악덕에 자신의 육체와 영혼을 다 바친다. 사회 전체를 과잉생산이라는 산업적 공황 상태로 내몰아 사회라는 유기체에 혼란을 초래한다. 그래서 상품은 무수히 많은데 구매할 사람은 적어서 상점들이 문을 닫고, 굶주림이라는 채찍이 노동자를 괴롭힌다. 노동의 도그마에 의해 짐승처럼 취급되는 프롤레타리아는 겉치레에 불과한 번영의 시기에 자기에게 스스로 과도한 노동을 부과했기 때문에 그토록 비참한 처지가 됐다는 사실을 깨닫지 못한다. 그래서 그들은 밀을 쌓아둔 창고를 찾아가서 이렇게 외쳐대지 않는 것이다. "배가 고픕니다. 밥을 먹고 싶습니다. 비록 지금은 동전 한 푼 없는 거지신세이긴 합니다만, 그래도 밀을 수확하고 포도를 거둬들인 것은 바로 우리가 아닙니까." 또한 그들은 산업적 수도원을 창안한 보네나 쥐쥐리외의 창고를 포위하고 이렇게 외칠 생각도 하지 않는다. "보네 씨, 여기 당신을 위해 일하는 여인들이 있습니다. 면직물을 가공하는 방적공과 직공들이 있습니다. 이들은 기독교 세계의 세련된 여인들이 입는 비단옷을 만들지만, 정작 자신들은 여기저기 기운 무명옷을 입은 채 추위에 떨고 있습니다. 이 불쌍한 사람들은 하루에 13시간씩 일하느라 몸단장을 할 시간조차 없었습니다. 하지만 이제 일자리를 잃었으니 자신이 만든 비단옷을 걸칠 시간이 있습니다. 이 사람들은 젖니가 빠지는 나이일 때부터 당신의 재산을 늘려주기 위해 몸 바쳐 일하면서 금욕적인 삶을 살다가 이제야 한가로운 시간을 틈타 자신의 노동에 대한 대가를 조금이라도 맛보고 싶어 합니다. 보네 씨, 이 사람들에게 비단을 나눠주십시오. 아르멜 씨는 모슬린을, 푸예-케르티에 씨는 하얀 무명을 나눠줘야 할 겁니다. 피네 씨는 차갑고 축축하게 젖은 이들의 작은 발에 꼭 맞는 신발을 갖고 계시지요? 이들이 그 모든 것을 머리끝에서 발끝까지 걸치고 즐거워하는 모습은 정말 보기 좋을 것입니다. 그러니 외면하지 마십시오. 당신은 인류의 친구가 아닙니까? 더군다나 기독교인이 아닙니까? 이 소녀들이 그들의 육신으로 당신에게 벌어준 재산을 나눠주십시오. 당신의 사업을 활성화시키고 싶다면 상품을 유통시키십시오. 바로 여기에 소비자들이 있지 않습니까. 이들에게 조건 없는 외상을 주십시오. 당신은 왜 어리석게도 전혀 모르는 상인들과만 신용거래를 하려고 합니까? 그들은 당신에게 물 한 잔도 대접한 적이 없는 사람들입니다. 당신이 부리던 여인들은 최대한 노력해서 빚을 갚을 겁니다. 만약 그들이 신용만기일에 빚을 상환하지 못하거나 당신이 압류할 만한 물건을 전혀 가지고 있지 않다면 당신을 위한 기도로 빚을 대신 갚으라고 하십시오. 검은 옷을 걸치고 담배나 피우는 목사나 신부보다는 아마도 그들이 당신을 천국으로 훨씬 잘 보내줄 겁니다."

노동자들은 공황의 시기를 이용해 자기들이 만든 제품을 다 유통시키거나 모두 휴가를 갖기는커녕 굶주림으로 다 죽어가는 태도로 공장을 찾아가 문을 두드린다. 쇠약한 몸에 창백한 얼굴을 하고 제조업자를 찾아가 가련한 목소리로 이렇게 말하는 것이다. "자비로운 샤고 씨, 다정다감한 슈나이더 씨, 우리에게 일을 주십시오. 우리를 괴롭히는 것은 배고픔이 아니라 일에 대한 열정입니다." 혼자 힘으로 제대로 일어서기도 힘들게 된 이 비참한 노동자들은 끼니를 때울 만한 빵이 있었던 때에 비해 절반의 가격으로 12~14시간의 노동을 팔아버린다. 이렇게 해서 산업계의 박애주의자들은 노동자들을 해고한 결과로 더 낮아진 인건비로 제품을 제조할 수 있게 되어 이익을 올리는 것이다.

낮이 지나면 밤이 찾아오듯 과도한 노동의 시기가 지나 산업공황이 도래하여 해고와 빈곤이 끝없이 계속되면 필연적으로 파산이 따라온다. 신용으로 자금을 끌어 쓸 수 있는 한 제조업자들은 일하고자 하는 노동자들에게 일을 준다. 그들은 자금을 거듭 차입해서 노동자들에게 원자재를 사다 주고, 시장에 상품이 넘쳐나거나 말거나 아랑곳하지 않고 생산을 계속한다. 상품이 팔리지 않아도 어음 만기일은 찾아온다. 자금이 고갈된 제조업자는 사색이 되어 은행가를 찾아가서 가문과

명예를 팔아가며 그의 바지춤에 매달린다. "약간의 자금만 대주면 사업이 곧 나아질 겁니다." 그러면 은행가 로스차일드가 대꾸한다. "당신 창고에는 20수(Sou, 프랑스의 옛 화폐단위―옮긴이)짜리 양말 2만 켤레가 있는 것으로 알고 있소. 그것을 켤레당 4수에 인수하겠소." 은행가는 매입한 양말을 6수나 8수에 내다팔면서 그 누구에게도 단 한 푼도 떼어줄 필요가 없는 이익을 거둔다. 제조업자는 더 도약하고자 한 발 물러섰을 뿐이지만 끝내 공황이 닥치면 창고에서 재고품을 토해내지 않을 수 없게 된다. 얼마나 많은 상품이 창밖으로 내동댕이쳐지는지, 그것들이 다 어떻게 창고에 들어갈 수 있었나 싶을 정도다. 파괴된 상품의 가치를 계산하면 억 단위의 숫자가 된다. 지난 세기에는 이런 경우에 물건을 불에 태우거나 강이나 바다에 던져버렸다.[11]

그러나 오늘날의 제조업자들은 그러한 결정을 내리기 전에 창고에 쌓이는 상품을 내다팔 시장을 찾아 전 세계를 돌아다닌다. 그들은 면직물 제품의 판로를 뚫기 위해 콩고를 병합하고, 통킹을 접수하고, 중국의 만리장성을 대포로 무너뜨리라고 자국 정부에 압력을 가한다. 18세기까지 아메리카 대륙과 동인도, 동남아, 서인도 지역에 대한 독점판매권을 누가 장악하느냐를 놓고 영국과 프랑스가 생사를 건 혈투를 벌였다. 16, 17, 18세기에 식민지전쟁이 벌어지는 동안에 수많은 젊고 혈기왕성한 젊은이의 피가 바다를 온통 붉게 물들였다.

....
11 1879년 1월 21일 베를린에서 개최된 산업협의회(Industrial Congress)에서는 최근의 공황 때 독일의 철강산업이 입은 손실이 5억 6800만 프랑으로 추정됐다.

상품의 잉여도 문제이지만 자본의 잉여도 문제다. 금융가들이 잉여자본을 어디에 두어야 할지 모르게 된다. 그러면 그들은 사람들이 담배를 문 채 햇볕을 쬐며 한가로이 책장을 뒤적이는 평온한 나라로 흘러들어가 그곳에 철도를 놓고 공장을 짓고 노동이라는 저주를 불러들인다. 프랑스의 자본수출은 어느 화창한 아침에 외교분쟁이 일어나는 것으로 귀결된다. 예를 들어 프랑스와 영국과 독일은 이집트에서 자기들 가운데 어느 나라의 고리대금업자가 먼저 돈을 받을 것인가를 놓고 서로 머리끄덩이를 붙잡기 일보직전이다. 그런가 하면 악성부채를 받아내는 추심원의 사명을 띤 프랑스의 군대가 파견된 멕시코에서처럼 전쟁이 일어나기도 한다.[12]

이러한 개인적, 사회적인 참상이 아무리 그 규모가 크거나 빈발하고 아무리 영구적으로 계속될 것처럼 보이더라도 프롤레타리아가 그것을 물리치겠나는 의지를 밝히는 즉시 마치 사자가 나타나면 자취를 감추는 하이에나와 자칼처럼 사라져버릴 것이다. 그러나 프롤레타리

....

12 클레망소가 운영하는 신문인 〈라 쥐스티스(La Justice)〉의 1880년 4월 6일자 경제면에 다음과 같은 기사가 실렸다. "프러시아가 존재하지 않았더라도 프랑스는 1870년 보불전쟁에서 입은 손실과 비슷한 규모의 손실, 즉 수십억 프랑의 손실을 보았으리라는 견해를 들었다. 외국정부의 예산적자 문제 해결을 지원하기 위해 정기적으로 차관을 제공했기 때문이라는 것이다. 이러한 견해에 동조하는 바다." 영국이 남미의 여러 공화국에 자금을 빌려주었다가 돌려받지 못해 입은 손실은 50억 프랑에 이를 것으로 추산된다. 프랑스의 노동자들은 이미 비스마르크에게 지불된 50억 프랑을 만들어내야 했을 뿐 아니라 올리비에, 지라르댕, 바젠 등 전쟁을 일으켜 패전의 주역이 된 어음발행인들이 지불해야 하는 전쟁배상금의 이자를 계속해서 물어줘야 한다. 그러나 프랑스의 노동자들에게 위안이 되는 점이 한 가지 있다. 그것은 이렇게 수십억 프랑을 부담하면 최소한 보복전쟁은 일어나지 않으리라는 점이다.

아가 이런 자신들의 힘을 인식하게 되려면 기독교적 윤리, 경제적 윤리, 그리고 자유사상의 윤리를 짓밟아야 한다. 프롤레타리아는 자신들의 자연적 본능으로 돌아가 부르주아 혁명의 형이상학적 법률가들이 지어낸 무기력한 '인간의 권리'보다 천 배는 더 고귀하고 성스러운 '게으를 권리'를 선언해야 한다. 프롤레타리아는 하루에 3시간만 일하고 나머지 시간은 여가와 오락을 즐기는 삶에 익숙해져야 한다.

지금까지는 내가 해야 할 작업이 수월했다. 나는 그저 모두가 다 잘 아는 악을 묘사했을 뿐이다. 그러나 프롤레타리아에게 주입된 윤리가 사악하다는 사실, 지난 백 년 동안 프롤레타리아를 옥죄어온 끝없는 노동은 인류에게 내린 다른 어떤 저주보다 더 끔찍한 저주였다는 사실, 그리고 노동은 게으름이라는 즐거움에 추가되는 양념에 불과한 것이 되리라는 사실, 즉 현명하게 규제되고 하루에 최대 3시간이라는 제약이 가해져야만 노동이 인간이라는 유기체에 이로운 몸놀림이 되고 사회라는 유기체에도 유익한 열정의 표출이 되리라는 사실을 프롤레타리아에게 확신시키는 일은 내 능력을 넘어서는 힘든 작업이다. 공산주의에 입각한 생리학자, 위생학자, 경제학자만이 이러한 작업을 할 수 있다. 나는 단지 다음 장에서 근대적인 생산수단의 도입과 그 생산수단의 무한한 재생산 능력을 고려할 때 노동에 대한 노동자들의 지나친 열정을 억제하고 노동자들이 생산하는 상품을 그들 스스로 소비하게 해야 할 필요가 있다는 점에 대해서만 설명하고자 한다.

키케로와 같은 시대의 그리스 시인인 안티파트로스는 여성노예를 해방시키고 '황금시대'를 되살릴 물레방아가 발명된 것에 대해 다음과 같이 노래했다. "오, 일꾼들이여, 방아를 돌리던 일손을 놓고 편안하게 잠을 자라. 날이 밝았다고 쓸데없이 울어대는 수탉은 그대로 내버려두자. 데메테르 여신은 노예의 노동을 님프들에게 넘기고는 그들이 물레바퀴에서 즐겁게 일하며 뛰노는 모습과 무거운 물레돌이 굴대와 함께 돌아가는 모습을 바라본다. 우리도 조상들이 살았던 대로 살자. 데메테르 여신이 주신 선물을 누리며 게으름을 부리고 즐겁게 살자." 그러나 슬픈 일이다! 시인이 노래한 여가는 오지 않았다. 노동에 대한 맹목적이고 도착적이며 살인적인 열정으로 말미암아 사람들을 해방시켰던 기계가 자유로운 인간을 노예로 만드는 도구로 바뀌었다. 기계의 생산성이 높아질수록 사람들은 더욱 가난해졌다.

뜨개질에 능숙한 여성노동자는 1분에 다섯 코밖에 뜨지 못한다. 그런데 어떤 기계는 1분에 3만 코나 뜬다. 따라서 기계가 작동하는 1분은 여성노동자가 작업하는 100시간에 해당한다. 다시 말해 기계가 1분만 작동하면 여성노동자는 10일 동안 쉴 수 있다. 이렇듯 편물업에 적용되는 사실은 근대적인 기계를 도입한 다른 모든 산업에도 정도의 차이는 있지만 그대로 적용된다. 그러나 현실은 어떠한가? 기계의 성능과 작업속도와 정확성이 향상될수록 노동자들은 더 많은 휴식시간을 갖기는커녕 마치 기계와 경쟁이라도 하겠다는 듯이 노동을 더 열심히 한다. 이 얼마나 터무니없고 살인적인 경쟁인가!

　인간과 기계의 경쟁이 무한정 계속되면서 마침내 프롤레타리아는 옛날에 길드 장인들의 노동시간을 제한하던 현명한 법을 폐지시키고 공휴일을 없앴다.[13] 그 옛날에 생산자들이 일주일 가운데 닷새만 일했기 때문에 공기와 물만 먹고 살았을 것이라는 경제학자들의 거짓말을 믿어야 하는가? 그렇지 않다. 그들은 지상의 즐거움을 맛보고, 사랑을 나누며 유쾌하게 떠들어대고, 게으름이라는 명랑한 신을 찬양하며 즐겁게 잔치를 벌일 여유가 있었다. 개신교의 세례를 받아 음울한 영국도 당시에는 '즐거운 영국(Merry England)'이라고 불렸다. 라블레, 케베도, 세르반테스, 그리고 익명의 로망스 작가들은 전쟁으로 황폐해진 시기를 제외하고는 사방이 술로 넘쳐나서 사람들이 먹고 마시며 성

---

[13] 과거의 체제에서는 교회법이 일요일 52일과 공휴일 38일을 더해 모두 90일의 휴식일을 노동자에게 보장했고, 휴식일에는 노동이 엄격하게 금지됐다. 이는 가톨릭이 저지른 최악의 '범죄'이자 상공업 부르주아지 사이에 무신앙을 초래한 주된 원인이었다. 혁명의 시기에 권좌에 앉은 부르주아지는 공휴일을 폐지하고 일주일을 7일 대신 10일로 늘렸다. 이는 민중으로 하여금 열흘에 하루만 쉬게 하기 위한 조치였다. 또한 노동자들에게 노동이라는 굴레에 더 잘 씌우기 위해 교회라는 굴레에서 그들을 해방시킨 것이기도 했다.

　공휴일에 대한 혐오는 15~16세기에 근대적 상공업 부르주아지가 구체적인 형태를 갖추기 전에는 나타나지 않았다. 앙리 4세가 교황에게 공휴일을 줄여달라고 요청한 적이 있다. 그러나 그때 교황은 "오늘날의 이단 가운데 하나는 축제일에 관한 이단"이라면서 거부했다(도사 추기경의 서신). 그러나 1666년에 페레픽수스 파리 대주교는 자신의 교구에서 공휴일 가운데 17일을 없앴다. 부르주아지의 상공업적 요구에 적응된 기독교인 개신교는 사람들이 휴식을 취하는 것을 더 싫어했다. 그래서 개신교는 성자들을 기리는 지상의 축일을 없애기 위해 천국에 있는 성자들을 성자의 자리에서 물러나게 했다.

　종교개혁과 철학적 자유사상은 예수회와 탐욕스러운 부르주아지가 민중에게서 축제일을 훔쳐가기 위해 이용한 구실일 뿐이었다.

대하게 즐기던 축제[14]를 묘사한 글을 남겨 우리의 입에 군침이 돌게 한다. 요르단스를 비롯한 플랑드르 화파의 화가들은 그러한 축제를 아름다운 그림으로 표현해 놓았다. 그 시절에 과시되던 엄청난 식욕들은 다 어디로 갔는가? 인간의 모든 사상을 다 아우르던 숭고한 정신들은 다 어디로 갔는가? 우리는 정말이지 왜소해지고 퇴화해버렸다. 방부제를 듬뿍 친 쇠고기, 감자, 싸구려 혼합주, 프로이센 산 독주 등이 강제적인 노동과 교묘하게 결합하여 우리의 육체를 쇠약하게 만들고 우리의 정신을 편협하게 만들었다. 인간이 허기진 배를 움켜쥐고 기계가 생산을 늘리는 이 시대는 곧 경제학자들이 금욕의 종교이자 노동의 교리인 맬서스의 이론을 우리에게 설교하는 시대다. 그들의 설교하는 혀를 뽑아내어 개에게나 던져주는 게 차라리 나을 것이다.

　　노동자계급이 순진하게도 노동의 교리를 믿었기에, 성급하게도 스스로 노동과 금욕에 맹목석으로 빠졌기에 자본가계급은 게을러져

....

14 성대하게 진행된 당시의 축제는 몇 주일씩 계속됐다. 돈 로드리고 데 라라(Don Rodrigo de Lara)는 칼라트라바에서 무어인들을 쫓아냄으로써 아내를 얻는다. 로만세로(Romancero, 중세 스페인의 전승민요집—옮긴이)는 이 이야기를 다음과 같이 노래한다.

결혼식은 부르고스에서,
피로연은 살라스에서.
결혼식과 피로연이
일곱 주일이나 계속되네.
너무나 많은 사람이 몰려와
앉을 자리조차 없을 지경이네…

7주간이나 계속된 결혼식에 참석한 사람들은 독립전쟁에서 영웅적으로 싸운 군인들이었다.

야 했고, 억지로 놀아야 했고, 생산하지 말아야 했고, 과소비를 즐겨야 했다. 그러나 노동자의 과로는 노동자의 육신에 상처를 입히고 노동자의 정신에 고문을 가하는 동시에 자본가에게 비탄을 안겨줄 요소도 갖고 있다.

생산계급인 노동자들이 금욕이라는 운명을 받아들이자 자본가들은 노동자들이 맹렬하게 쏟아내는 제품을 과소비하는 일에 전념하지 않을 수 없게 됐다. 자본주의 생산의 초창기인 1~2세기 전의 자본가는 합리적이고 평온한 습관을 가진 차분한 사람이었다. 아내는 한두 명만으로 족했다. 목이 마를 때만 물을 마셨고 배가 고플 때만 음식을 먹었다. 방탕이라는 귀족적 덕목은 궁중의 신사숙녀들에게 양보했다. 그러나 오늘날 신흥부자의 자식들은 하나같이 노동자들이 수은광산에서 일하는 것을 정당화하기 위해 수은이 특효약으로 쓰이는 질병을 퍼뜨리는 것을 의무로 여기고, 자본가들은 하나같이 라플레슈 지방에서 순종 닭을 기르는 축산농가와 보르도 지방의 포도농가가 분발할 수 있도록 버섯을 잔뜩 넣은 닭요리를 최고급 포도주와 함께 뱃속에 꾸역꾸역 집어넣는다. 이로 인해 노동자들의 신체기관이 급속하게 망가진다. 머리카락이 빠지고, 이빨과 잇몸 사이가 벌어지고, 배가 비정상적으로 튀어나오는 등 몸이 추하게 변형되고, 숨을 쉬거나 몸을 움직이기가 힘들어지고, 관절이 뻣뻣해지고, 손가락은 뒤틀려 울퉁불퉁해진다. 그런가 하면 다른 한편에서는 방탕의 피로를 견디기에는 몸이 너무 허약한 자들이 프루동주의라는 혹까지 달린 머리를 짜내어 정치경제학이나 법철학에 관한, 졸음이 쏟아지게 만드는 내용의 두꺼운 책을 공들여 펴내려고 식자공과 인쇄공의 여가시간을 빼앗는다. 상류사회의 여성들은 여자 재봉사들이 죽어가면서 만든 눈부시게 아름다운 옷을 보란 듯이 걸치고 다님으로써 순교자를 만들어내는 삶을 산다. 그들은 아침부터 밤까지 베틀의 북처럼 이 옷 저 옷으로 갈아입는다. 비용이야 얼마나 들든 풍성하게 땋은 가짜 머리다발을 뒷머리에 붙이고픈 욕구를 채우기 위해 자신의 텅 빈 머리를 몇 시간이고 미용사에게 내맡긴다. 그러고는 코르셋으로 몸을 조이고, 꼭 끼는 부츠를 신고, 광부가 얼굴을 붉힐 정도로 어깨가 많이 드러나는 야회복을 걸치고는 가난한 사람들에게 던져줄 몇 푼의 돈을 모으는 자선무도회에 가서 밤새 빙빙 돌며 춤을 춘다. 참으로 신성한 영혼들이 아닌가!

자본가들은 비생산자이자 과소비자라는 이중의 사회적 역할을 수행하고자 자신들의 소박했던 취향을 저버리고, 2세기 전만 해도 지니고 있었던 부지런한 습관을 잃어버리고, 무절제한 사치는 물론이고 소화력이 뒷받침해주지도 못하는 식도락과 매독을 유발하는 방탕에 몸을 내맡겨야 했을 뿐만 아니라 수많은 사람을 생산적인 노동에서 철수시켜 시종으로 삼았다.

생산력의 낭비가 얼마나 심각한가를 보여주는 수치가 있다. 1861년의 인구조사에 따르면 그 해에 잉글랜드와 웨일스의 인구는 2006만 6244명이었고, 그 가운데 남성이 977만 6259명, 여성이 1028만 9965명이었다. 일하기에 나이가 너무 많거나 적은 사람, 생산하는 활동을 하지 않는 여성과 아이, 관리·경찰·성직자·군인·창녀·예술가·과학자와 같은 '이데올로기적인 전문직' 종사자, 지대·이자·배당의 형태로 남이 하는 노동의 과실만 따먹고 사는 사람 등을 전체 인구에서 제외하면 남녀노소를 불문하고 800만 명가량이 남는다. 여기에는 공업, 상업, 금융업 등의 분야에서 활동하는 자본가도 포함된다. 이들 800만 명에는 다음과 같은 사람들이 속해있다.

농업노동자(목동, 하인, 집안에 머물러 있는 농부의 딸 포함) 109만 8261명

면직물, 모직물, 삼베, 리넨, 편물 등의 섬유산업 공장노동자 64만 2607명

광산노동자 56만 5835명

금속산업 노동자(용광로, 압연공장 등) 39만 6998명

하인 120만 8648명

"섬유산업 노동자와 광부를 더하면 120만 8442명이다. 섬유산업 노동자와 금속산업 노동자를 더하면 총 103만 9605명이다. 두 경우 모두 집 안에서 일하는 현대판 노예인 하인보다 수가 적다. 기계를 이용한 자본주의적 착취가 낳은 이 대단한 결과를 보라."[15]

그 규모가 자본주의 문명이 도달한 현 단계의 실상을 보여주는 하인계층 외에 다이아몬드 가공, 레이스 제작, 자수, 호화로운 책 제본, 값비싼 가운 제작, 대저택 장식 등 부자들의 허영을 충족시키는 일에

---

15 카를 마르크스, 《자본론》.

만 매달리는 불운한 계층에 속하는 사람들도 많다.[16]

완전히 게을러진데다가 강요된 향락으로 타락해버린 자본가계급은 그러한 새로운 생활방식이 자신들에게 해악을 초래함에도 불구하고 그것에 적응하게 됐다. 이윽고 그들은 모든 변화를 두려워하기 시작했다. 노동계급이 비참한 삶을 묵묵히 받아들이고 뒤틀린 노동의 열정으로 인해 갈수록 퇴화하는 모습을 바라보면서 자본가계급은 자신들의 즐거움을 제약하는 모든 구속과 일체의 의무적 노동을 혐오하게 된 것이다.

바로 이 시점에 프롤레타리아는 자본가계급이 부도덕이라는 '사회적 의무'를 스스로에게 부과했음을 간과하고 그들에게 노동을 부과하려고 했다. 아울러 프롤레타리아는 노동에 대해 경제학자와 도덕가들이 주장하는 이론을 순진하게도 진지하게 받아들여서 태세를 단단히 갖추고는 자본가들에게 그 이론의 실현을 강요하려고 했다. 프롤레타리아는 이런 기치를 내걸었다. "일하지 않는 자는 먹지 말라." 1831년에 리옹의 노동자들은 "자유롭게 일하며 살지 못할 바엔 차라리 싸우다 죽겠다"며 봉기를 일으켰다. 또한 1871년 3월에는 연대한 노동자들이 자신들의 봉기를 '노동의 혁명'이라고 불렀다.

---

16 "시골의 인구 가운데 부자의 가내하인으로 고용된 사람들의 비중은 국부와 문명에서 그 나라가 얼마나 진보했는가를 보여준다."(마틴(R. M. Martin), 《영국으로 병합되기 전과 그 후의 아일랜드》, 1818). 강베타(Gambetta)는 카페 프로코프(Café Procope)에 자주 들르는 가난한 변호사생활을 청산할 수 있게 된 뒤로는 사회문제의 존재를 부인했다. 하지만 그가 새로운 사회계층이 등장했다고 선언했을 때에는 끊임없이 증가하는 가내하인 계층을 염두에 두고 그런 선언을 했던 것이 틀림없다.

자본가들은 자신들의 즐거움과 게으름을 파괴하는 야만적 분노의 폭발을 잔인하게 진압할 수밖에 없었다. 그러나 그들은 그런 혁명적 분출은 억누를 수 있었지만 자기들처럼 게으르고 존경할 만한 계급에게도 노동을 강제하고자 하는 프롤레타리아의 터무니없는 생각까지 거대한 학살의 피바다 속에 묻어버리지는 못했음을 알고 있다. 자본가들이 부지런하지만 비생산적인 존재로 부양되는 경호원, 경찰관, 행정관, 간수 등을 자신들의 주위에 둘러세운 것은 바로 노동을 강요당하는 불운을 피하기 위한 것이다. 오늘날 군대가 수행하는 역할에는 더 이상 환상을 품을 여지가 없다. 군대는 오로지 '내부의 적'을 억누르기 위해 유지된다. 따라서 파리와 리옹에 구축된 요새는 외침에 대비한 방어시설이 아니라 내란을 진압하기 위한 것이다. 그 누구도 반박할 수 없는 사례는 자본주의의 천국인 벨기에의 군대다. 벨기에는 유럽의 열강이 보증하는 중립국임에도 불구하고 인구에 비해 볼 때 유럽 최강의 군대를 보유하고 있다. 용감무쌍한 벨기에 군대의 영광스러운 전장은 보리나주 평원과 샤를루아 평원이다. 벨기에 군대의 장교는 무장도 하지 않은 광부와 노동자들에게 검을 휘둘러 평원을 피로 물들인 공으로 진급한다. 유럽 각국의 군대는 모두 용병이다. 그들은 자본가들을 10시간 동안 석탄을 캐거나 실을 잣는 일을 해야 하는 처지로 만들 수 있는 대중의 분노로부터 그들을 보호한다. 그리하여 허기진 배를 움켜쥔 노동계급이 과소비를 해야 하는 운명에 묶인 자본가들의 배를 더욱 비정상적으로 부풀리는 역할을 하게 된다.

자신들의 고통스러운 노동을 줄이기 위해 자본가계급은 유용한 생산활동에 종사하는 노동자들보다 지위가 훨씬 높은 사람들을 노동계급에서 빼내어 그들을 비생산적이고 과소비적인 집단으로 만들었다. 그들의 주둥이는 엄청난 식욕을 자랑하지만, 그들도 노동의 교리로 인해 짐승같이 돼버린 노동자들이 스스로 소비할 생각도 없이, 그리고 달리 소비할 사람이 있는지를 고려하지도 않고 미친 듯이 생산해내는 상품을 다 소비하지는 못한다.

노동자들이 과잉생산에 매달려 자신의 수명을 단축시키고 금욕적인 생활을 하며 무기력하게 살아가는 이중의 바보짓을 함에 따라 이제는 생산하는 일을 하는 노동자를 확보하고 그 수를 늘리는 것이 아니라 소비자를 찾아내고, 소비자의 입맛을 자극하고, 소비자가 헛된 욕구를 갖게 하는 것이 자본주의 생산의 과제가 됐다. 유럽의 노동자들이 추위와 굶주림에 시달리면서도 자기들이 만든 옷을 입거나 자기들이 재배한 포도로 만들어진 포도주를 마시려고 하지 않자 유럽의 제조업자들이 가련하게도 그 옷을 입어주고 그 포도주를 마셔줄 사람들을 찾아 세상의 구석구석을 돌아다녀야 하게 됐다. 유럽은 매년 수십억 달러어치에 이르는 상품을 세계 도처에, 심지어는 그러한 상품이 전혀 필요 없는 나라에도 수출한다.[17] 이미 개척된 대륙만으로는 부족

---

17 두 가지 사례를 들 수 있다. 인도의 농민들은 주기적인 기근으로 인해 나라가 황폐해져도 쌀이나 밀보다는 아편을 재배하기를 고집했고, 이 때문에 영국 정부는 중국과 유혈의 전쟁을 벌여야 했다. 중국에 인도산 아편이 자유롭게 유입될 수 있게 하도록 중국 정부에 압력을 넣기 위해서였다. 폴리네시아의 원주민들은 영국식 옷을 입고 영국산 술을 마셔야 했다. 그로 인해 사망률이 상승했음에도 스코틀랜드의 양조장과 맨체스터의 직물공장에서 생산된 제품이 소비돼야 했기에 그들은 계속 그렇게 해야 했다.

하다. 처녀지가 필요하다. 유럽 제조업자들은 아프리카로, 사하라 사막의 호수로, 수단으로 가는 철도를 밤낮으로 꿈꾼다. 그들은 리빙스턴, 스탠리, 뒤 샤이유, 드 브라자의 여정을 초조하게 뒤쫓는다. 그리고 그 용감한 여행가들의 놀라운 모험담을 입을 쩍 벌리고 경청한다. 제조업자들은 '암흑대륙'의 신비로움에 경탄한다. 들판에 상아가 굴러다니고, 코코넛 기름이 흐르는 강에 금가루가 깔려 있으며, 원주민들은 뒤포르와 지라르댕의 얼굴처럼 생긴 엉덩이를 드러낸 채 예절을 가르쳐줄 면직물과 문명의 미덕을 가르쳐줄 독한 술과 성경책을 기다리고 있다고 그들은 생각한다.

그러나 모두 부질없다. 배가 부를 대로 부른 자본가들도, 생산계급보다 수가 더 많은 하인들도, 유럽 제품이 가득하게 된 외국이나 미개국도 이집트의 피라미드보다 더 크고 높게 쌓이는 제품을 전부 소화해내지 못한다. 유럽 노동자들의 생산성은 모든 소비와 낭비를 넘어선다.

제조업자들은 방향감각을 상실해버려 어느 방향으로 가야 할지를 모른다. 그들은 노동에 대한 노동자들의 끔찍한 열정을 충족시킬 만큼의 원자재를 더 이상 확보할 수 없다. 그리하여 직물공장에서는 더러워지고 절반쯤 못쓰게 된 누더기를 이용해 새로운 옷을 만들어낸다. 재생품이라는 그럴듯한 이름으로 판매되는 그 옷은 정치인이 유권자에게 말하는 공약만큼이나 수명이 짧다. 리옹의 방직공장은 천연 견직물의 단순성과 유연성을 그대로 보존하지 않고 무기염 처리를 하여 더 무거우면서도 잘 찢어지고 내구성이 떨어지는 제품을 만들어낸다. 이렇듯 우리의 모든 제품은 매출증대를 위해 불순물이 첨가되고 수명이 단축된다. 인류의 초창기를 생산의 특징에 따라 '석기시대'니 '청동기시대'니 하듯이 우리가 사는 시대는 나중에 '불순품제조시대'로 불릴 것이다. 어떤 무지한 인간들은 우리의 경건한 제조업자들을 사기꾼이라고 매도한다. 그러나 사실 그 제조업자들은 아무 일도 하지 않고는 살아갈 수 없는 노동자들에게 일거리를 주려는 생각으로 기운을 내는 사람들이다. 그렇게 오로지 인본주의적 감정만이 동기가 되는 불순품 제조는 제품의 품질을 떨어뜨리고 인간의 노동력을 무한정 낭비시키는 것이지만 제조업자들에게는 커다란 이윤을 가져다준다. 이는 자본가들의 교묘한 박애주의와 노동자들의 끔찍한 타락을 보여주는 증거다. 노동에 대한 끔찍한 열정을 충족시키려는 노동자들로 인해 제조업자들은 양심의 목소리를 억눌러야 하고, 심지어는 정직한 거래의 규칙도 위반해야 한다.

과잉생산이나 불순품 제조라는 현실에도 불구하고 노동자들은 시장을 점거하고 일을 달라고 간청한다. 그들은 수가 엄청나게 많기 때문에 스스로 노동에 대한 욕구를 억제해야 함에도 불구하고 도리어 노동에 대해 발작에 가까운 열정을 보인다. 일할 기회만 생기면 우르르 몰려가서 12시간이고 14시간이고 노동에 대한 욕구를 게걸스럽게 채운다. 그러나 다음날이면 이런 나쁜 습관의 대가로 먹을거리를 조금이라도 더 챙기지도 못한 채 길거리로 내쫓긴다. 계절이 규칙적으로 찾아오듯이 모든 공장에서 해마다 대규모 해고사태가 벌어진다. 건강을 해치는 과로의 기간이 지나면 2개월이나 4개월가량 순전히 쉬기만 하는 기간이 뒤따른다. 노동이 그치면 수입도 그친다. 노동에 대한 열정은 마치 악마처럼 노동자의 마음에 들러붙어 자연스러운 본능을 억압한다. 사회가 요구하는 노동의 양은 제품 소비와 원자재 공급에 의해 어쩔 수 없이 제한된다. 상황이 이러한데 어찌하여 1년 치의 일을 6개월 만에 미친 듯이 해야 하는가? 6개월 동안 하루에 12시간이나 일하는 대신에 1년 내내 노동량을 골고루 분산시켜 모든 노동자가 하루에 대여섯 시간만 일하게 하지 않는 이유가 무엇인가? 노동자들이 매일매일의 일거리를 보장받게 된다면 더 이상 서로를 시샘하지도, 서로에게서 일거리나 먹을 것을 빼앗지도 않을 것이고, 심신이 기진맥진해지지도 않을 것이다. 그리고 그들은 게으름이라는 미덕을 실천하기 시작할 것이다.

이렇듯 노동자들은 일에 대한 끔찍한 열정 때문에 '모든 노동자가 다 일거리를 가지려면 조난당하게 된 배에서 식수를 나누듯 일거리를 나눠야 한다'는 생각에 이르지 못했다. 한편 일부 제조업자들은 자본주의적인 착취를 강화하기 위해 노동시간을 법적으로 제한하자고 오래 전부터 요구해왔다. 알자스 지역의 손꼽히는 제조업자인 부르카르 드 게브빌레는 1860년에 열린 직업교육위원회 회의에서 이렇게 말했다. "하루 12시간 노동은 지나치기 때문에 11시간으로 노동시간을 단축해야 합니다. 그리고 토요일에는 오후 2시에 근무가 끝나야 합니다. 처음에는 부담스럽게 여겨지겠지만, 이러한 조치를 취할 것을 권합니다. 제가 운영하는 공장에서 이런 조치를 4년 동안 적용해보니 결과가 성공적이었습니다. 생산성이 떨어지기는커녕 오히려 증가했습니다." F. 파시 씨는 기계에 관한 논문에서 벨기에의 대규모 제조공장을 운영하는 오테바에르 씨의 다음과 같은 서신을 인용했다. "우리 공장에서 사용하는 방적기는 영국에서 쓰는 것과 같은 종류인데도 그 성능만큼 또는 영국에서만큼 생산하지 못합니다. 영국에서는 그 기계가 우리보다 하루에 2시간 적게 가동되는데도 그렇습니다. 따라서 우리는 2시간만큼 쓸데없이 더 많이 일하는 것입니다. 우리는 13시간 대신 11시간만 일하더라도 제품을 똑같이 생산할 수 있고, 그러면 우리는 더욱 경제적인 생산을 하게 되는 것입니다." 또한 폴 르로이-볼리외는 휴일이 들어있는 주의 생산성이 그렇지 않은 주의 생산성에 비해 떨어지지 않는다고 벨기에의 제조업자가 주장했다고 확인했다.[18]

단순해서 도덕가들에게 속아 넘어간 국민이 엄두도 못 내는 일을 결국 그 나라의 귀족제 정부가 감행했다. 도덕가 행세를 하는 오만한 경제학자들이 공장의 노동시간을 1시간 단축하면 영국의 사업이 망해버리고 난나고 흉조처럼 울어댔음에도 불구하고 영국 정부는 하루 10시간 이상의 노동을 금지하는 법률을 제정해 엄격하게 시행했다. 그럼에도 영국은 과거와 마찬가지로 세계 최고의 산업국가라는 지위를 유지하고 있다.

그렇게 대규모로 이루어진 실험은 기록으로 남아 있고, 일부 똑똑한 자본가들의 경험 역시 기록으로 남아 있다. 그 실험과 경험은 인간의 생산성을 증대시키려면 노동시간을 단축하고 유급휴가와 축제일을 늘려야 함을 명백하게 증명했지만, 프랑스는 이에 대해 아직 확신

---

18 폴 르로이-볼리외(Paul Leroy-Beaulieu), 《19세기의 노동문제》, 1872.

하지 못하고 있다. 그러나 영국이 하루 노동시간을 고작 2시간 단축해서 10년 동안 생산성을 3분의 1만큼 향상시킬 수 있었다면[19] 프랑스가 만약 노동시간을 3시간으로 제한한다면 생산성이 얼마나 급속하게 향상될 수 있겠는가? 지나친 노동으로 말미암아 자신과 후손의 힘이 탕진돼 머지않아 아무 일도 못하는 상태에 이르게 되고, 노동에 대한 끔찍한 열정에서 벗어나지 못해 인간 이하의 상태로 전락하게 되며, 그 과정에서 자기 안에 들어있는 아름다운 품성이 모두 파괴됨으로써 노동을 하려는 광기만 남게 된다는 사실을 노동자들은 깨닫지 못한다는 것인가?

노동자들은 아르카디아 앵무새처럼 경제학자들의 가르침을 되뇐다. "일하자. 국부를 늘리기 위해 일하자." 바보가 아닐 수 없다. 산업 장비의 개발이 더딘 이유는 바로 당신들이 일을 너무 많이 한다는 데 있다. 그렇게 떠들지 말고, 몇 달 전에 세상을 떠난 경제학자 레보가 생전에 했던 말에 귀를 기울이자. "일반적으로 노동방식의 혁신을 좌우하는 요소는 수작업의 여건이다. 낮은 임금에 수작업이 공급되는 한 수작업이 계속 사용된다. 그러나 인건비가 상승하면 자본가는 저렴한 대안을 모색하게 된다."[20]

자본가에게 나무나 철로 만들어진 기계를 개량하도록 강요하려

<hr>

19 런던 통계청의 기펜(R. Giffen)에 따르면 아일랜드를 포함한 영국의 국부는 계속 증가했다고 한다. 영국의 국부는 1814년에는 550억 프랑, 1865년에는 1625억 프랑, 1875년에는 2125억 프랑을 기록했다.

20 루이 레보(Louis Reybaud), 《면직물 산업의 현황과 문제점》, 1863.

면 살과 피로 만들어진 기계의 노동시간을 단축하고 임금을 인상해야 한다. 증거가 필요한가? 이를 뒷받침하는 증거는 수백 가지라도 들 수 있다. 방적산업의 경우를 보면 맨체스터 지역에서 노동자들이 이전처럼 장시간의 노동을 하기를 거부했기 때문에 자동식 뮬방적기(영국의 크럼프턴이 제니 방적기와 수력 방적기의 장점을 합쳐서 새로 발명한 방적기—옮긴이)가 발명됐다. 미국에서는 버터 만드는 일에서 밀 베기에 이르기까지 농업생산의 모든 분야에 기계가 보급됐다. 자유롭고 게으른 미국인은 소처럼 일하는 프랑스 농부 같이 사느니 차라리 수천 번 죽는 편이 낫다고 생각하기 때문이다. 경작은 영광스러운 우리의 프랑스에서는 지극히 고통스러운 노동이지만, 미국 서부에서는 야외에서 앉은 자세로 한가로이 담배를 피우면서 시간을 즐기며 하는 활동이다.

4장 새로운 가락에는 새로운 노랫말을

지금까지는 노동시간을 단축하면 새로운 기계적 힘이 사회적 생산에 이용되게 된다는 점에 대해 살펴보았다. 이에 더해 노동자들에게 자신들이 만든 제품을 소비하도록 한다면 노동자 집단의 규모가 크게 증대할 것이고, 소비자의 역할에서 벗어나게 되는 자본가계급이 그동안 소비와 낭비를 촉진하려고 유용한 노동자들 중에서 빼냈던 군인, 행정관, 언론인, 포주 등을 서둘러 해고할 것이다. 그러면 노동시장은 만원이 되고, 노동시간을 엄격하게 제한하는 법률이 필요해진다. 기생충보다도 훨씬 많은 비생산적 인력 모두를 고용하기는 어려울 것이다. 게다가 그들의 욕구와 허영과 사치를 위해 봉사해온 사람들도 고려해야 한다. 집안을 치장하는 일을 하던 하인이나 잡역부, 레이스로 몸단장하던 미혼이나 기혼의 매춘부, 대포로 성벽에 구멍을 뚫던 포병, 궁전을 짓던 건축공 등이 필요 없게 되면 레이스 장식, 철제품 제조, 건축 등의 분야에서 일하던 남녀 노동자들로 하여금 스스로 건강을 되찾고 심신을 개선하는 데 필요한 위생조치를 취하거나 미용체조를 하게 하는 엄격한 법률이 필요해질 것이다. 유럽의 제품을 미개인들에게 보내지 않고 유럽 안에서 소비하게 되면 선원이나 부두의 일꾼이나 수레꾼들은 앉아서 빈둥거리는 법이나 배워야 할 것이다. 그러면 행복한 폴리네시아인들은 문명화된 비너스를 두려워하거나 유럽 도덕가들의 설교를 두려워할 필요 없이 원하는 대로 마음껏 사랑을 나눌 것이다.

이것이 전부가 아니다. 지금 우리 사회의 비생산자들이 모두 일자리를 얻고 산업장비가 무한히 발전해갈 수 있으려면 노동계급은 자본가계급처럼 금욕적인 습관을 버리고 소비력을 무한히 키워나가야 한다. 하루에 한 번만 단지 몇 점의 질긴 고기만 먹는 데 그칠 것이 아니라 맛있는 육즙이 흐르는 비프스테이크를 하루에 몇 접시 정도는 먹어야 한다. 싸구려 포도주가 아니라 교황보다 더 정통적인 태도로 상업적인 이름이 붙지 않은 보르도 와인이나 부르고뉴 와인을 실컷 마셔야 하고, 물은 짐승이나 마시게 해야 한다.

프롤레타리아는 자본가도 철공소나 공장에서 10시간씩 일하게 해야 한다고 생각했다. 대단한 착각이다. 왜냐하면 사회적 반감과 내전이 일어날 수 있기 때문이다. 노동은 금지해야지 부과해서는 안 된다. 로스차일드 가문을 비롯한 자본가들에게 평생을 완전한 부랑자로 살아왔다고 고백할 기회를 주어야 한다. 만약 그들이 노동에 대한 광기가 만연해 있는 상황에서 앞으로도 계속 부랑자로 살기를 원한다고 선언한다면 그들에게 연금을 지급해줌과 동시에 매일 아침 시청에서 그날 쓸 용돈으로 5달러짜리 금화를 쥐어줘야 한다. 그러면 사회적 불화가 사라질 것이다. 채권자와 자본가들은 대중정당에 제일 먼저 모여들 것이다. 왜냐하면 그 대중정당의 목적이 자신들에게 해를 끼치고자 하는 것이기는커녕 태어날 때부터 얽매이는 과소비와 낭비라는 고역에서 자신들을 해방시켜주려는 것임을 깨닫게 될 것이기 때문이다. 자신이 부랑자로 간주될 자격을 입증하지 못하는 자본가에 대해서는 천성대로 살아가노록 허용하면 된다. 그들에게 시킬 구역질나는 직업은 많다. 뒤포르에게는 공중화장실 청소를 맡기면 되고, 갈리페[21]에게는 병든 말과 돼지를 수술하는 일을 맡기면 된다. 사면위원회의 위원들은 가축사육장으로 보내 도살할 소와 양을 고르게 하고, 상원의원들은 장의사나 상여꾼 노릇이나 하게 하면 된다. 그 밖의 다른 사람들에게도 각자의 지능에 맞는 직업을 찾아 맡기면 된다. 로르제릴과 브로이에게는 샴페인병을 코르크 마개로 막는 일을 시키되, 다만 취하지 못하도

----

21 갈리페(Gallifet)는 파리코뮌의 마지막 기간에 프랑스의 노동자 수천 명이 학살당한 일에 직접적인 책임이 있는 장군이다.

록 재갈을 물려 놓아야 할 것이다. 페리와 프레시네와 티라르에게는 국가의 각 부서와 기타 공공기관의 사무실에서 벌레를 잡는 일을 시키면 될 것이다. 다만 그렇게 하려면 공공자금은 손버릇이 나쁜 자본가들의 손이 닿지 않는 곳에 잘 보관해둘 필요가 있을 것이다.

그러나 인간의 본성을 왜곡한 도덕가와 가면을 쓰고 세상을 기만한 광신자, 거짓말쟁이, 위선자 등의 부류에게는 오랫동안 가혹하게 복수해야 한다. 왜냐하면 지금껏 그들은 자신들이 연약한 인간으로서 생존에 필요한 최소한의 조건 아래 명상과 단식과 금욕에 전념했다고 대중에게 떠벌여왔지만 사실은 실컷 먹고 마시고 즐겨왔기 때문이다. 그들은 쿠리오 가문(미덕의 귀감으로 알려진 고대 로마의 가문—옮긴이)의 흉내를 내면서 실상은 술의 신 바쿠스를 따르는 삶을 살아온 자들[22]이다. 이러한 사실은 그들이 유황 냄새를 풍기지 않더라도 딸기코와 술통처럼 부푼 배를 보면 확실히 알 수 있다.[23]

모든 민중이 흥겨워할 그날이 오면 공산주의자와 집산주의자들은 자본주의의 지배 아래서의 8월 15일(절기상 들에서 해야 하는 고된 노동이 끝난 것을 자축하며 축제를 벌이던 고대 로마의 휴일—옮긴이)과 7월 14일(1789년에 파리의 시민들이 바스티유 감옥을 습격해 프랑스혁명을 시발시킨 날을 기념하는 프랑스의 휴일—옮긴이)처럼 먼지를 들이마시는 대신에 마음껏 먹고 마시고 춤을 출 것이다. 반면에

....

22 유베날리스(고대 로마의 풍자시인—옮긴이).
23 라블레, 《팡타그뤼엘》, 2권 34장.

학술원 회원들, 윤리학자와 정치학자들, 길이가 제각각인 예복을 걸치고 경제교, 구교, 유대교, 실증교, 자유사상교 등을 포교하던 자들, 그리고 맬서스주의, 기독교, 그 밖의 이타적이거나 독립적인 윤리를 전파하는 자들은 노란색 옷을 입고 손가락이 타들어갈 때까지 촛불을 들고 서 있어야 하고, 고기와 과일과 꽃장식이 가득한 식탁을 눈앞에 두고도 굶주려야 하며, 흘러넘치는 술통을 보고도 갈증으로 괴로워해야 한다. 아울러 일 년에 네 번씩 계절이 바뀔 때마다 칼을 갈아주는 사람을 위해 일하는 개처럼 커다란 바퀴 안에 갇힌 채 10시간씩 바람이나 갈아야 할 것이다.

법률가와 입법가들도 똑같은 벌을 받아야 한다. 게으를 권리가 지배하는 체제에서는 현재 시시각각으로 우리의 숨통을 조이고 있는 시간을 죽이기 위해 항상 공연이 열릴 것이다. 바로 그 공연에서 부르주아 의원들이 담낭할 역할이 있다. 그들을 유랑극단으로 조직해 시장과 마을을 돌아다니면서 '입법 쇼'를 공연하게 하는 것이다. 장군들은 승마부츠를 신고 가슴에 훈장을 단 채 거리를 돌아다니면서 선량한 사람들을 불러 모은다. 강베타나 그의 동료인 카사냐크에게는 문지기나 시키면 된다. 결투복장을 완벽하게 갖춰 입은 카사냐크는 콧수염을 비틀어 올리고 눈알을 굴리면서 기염을 토하며 자기 아버지의 권총으로 모든 사람을 위협하지만[24] 누구든 룁리에(파리코뮌에 참여했던 프랑

<hr>

24 폴 드 카사냐크(Paul de Cassagnac)는 그의 아버지와 마찬가지로 보수파 정치인이자 언론인이며 결투를 잘 하기로 유명했다.

스의 혁명가—옮긴이)의 초상화를 내보이면 곧바로 궁지에 몰린다. 강베타는 대외정책에 대해, 그리고 소국 그리스와 대국 러시아에 대해 떠들어댄다. 투르크 지역을 빼앗고자 유럽 전역을 불바다로 만들 나라가 그리스이고, 동유럽에 자국의 보금자리를 만들고 자국 안의 허무주의를 억압할 수 있다면 서유럽이 상처투성이가 되어도 좋다는 태도로 프러시아를 박살내겠다고 공언할 나라가 러시아임을 알지도 못한 채 그는 이 두 나라에 대해 바보 같은 말을 늘어놓는다. 또한 그는 자기가 파리코뮌 연루자에 대한 사면을 발표할 수 있도록 허용해준 비스마르크를 괜찮은 인물이라고 추켜세운다. 그러다가 프랑스 삼색기의 색깔인 적색, 백색, 청색이 칠해진 올챙이배를 드러내고 두드리면서, 농업을 장려하고 벨빌 지역의 유권자들을 격려하고자 그 올챙이배 속에 집어넣은 촉새고기며 버섯요리며 마르고산과 이켐산 포도주 등을 하나하나 열거한다.

임시로 세운 건물 안에서는 '선거광대극'이 공연된다.

나무로 된 머리와 당나귀 귀를 가진 유권자들 앞에서 어릿광대 복장을 한 부르주아 후보자가 멋대로 지어낸 공약이 담긴 전단지로 전신에 흐르는 땀을 닦아대며 정치적 자유의 춤을 춘다. 그러고는 눈물을 흘리면서 민중의 비참한 현실을 이야기하고, 진지한 목소리로 프랑스의 영광에 대해 떠들어댄다. 그러면 유권자들은 일제히 '히이힝, 히이힝' 하는 소리를 낸다.

다음 차례는 '국가재산의 도난'이라는 대작이다.

'자본주의 프랑스'라는 등장인물은 몸집이 비대한 대머리 여인으로, 얼굴에는 털이 무성하고 눈은 움푹 들어갔으며 몸은 축 처져 있다. 창백한 표정에 가쁜 숨을 내쉬고 이따금 졸린 듯 하품을 하면서 벨벳 소파에 길게 누워 있다. 그녀의 발치에는 '산업자본주의'라는 것이 있다. 이것은 강철로 된 커다란 생명체로서 원숭이 가면을 쓴 채 남녀노소를 가리지 않고 사람들을 게걸스럽게 잡아먹는다. 잡아먹히는 사람들의 공포에 질린 비명소리가 허공을 가득 채운다. 주둥이는 담비 같고 몸통은 하이에나 같으며 손은 독수리 발톱 같은 '은행'은 주머니에서 동전들을 민첩하게 끄집어낸다. 수많은 프롤레타리아가 넝마를 걸친 채 비참하고 쇠약한 몰골로 등장해 검을 빼든 헌병들의 감시를 받으며 굶주림이라는 채찍에 쫓겨 다닌다. 프롤레타리아는 자본주의 프랑스의 발치에 산더미 같은 제품과 포도주가 가득 찬 통과 금과 밀이 들어있는 자루를 갖다 바친다. 랑글루아(파리코뮈 당시의 성부쪽 군인—옮긴이)는 한 손에는 바지를, 다른 한 손에는 프루동의 유언장을 들고 국가예산서를 입에 문 채 국가재산 방어사령부 앞에서 보초를 선다. 개머리판으로 두들겨 맞고 검에 찔린 노동자들이 짐을 내려놓은 뒤 쫓겨나자 이번에는 문이 열리면서 제조업자와 상인과 은행가들이 등장한다. 그들은 제품더미로 허둥지둥 몰려들어 면직물, 밀이 들어있는 자루, 금괴를 먹어대고, 포도주를 마셔댄다. 한껏 먹고 마셔댄 그들은 바닥에 주저앉아 지저분하고 역겨운 오물을 토해낸다. 그때 갑자기 천둥번개가 치고 땅이 흔들리고 갈라지면서 '역사적 운명'이라는 여인이 등장한다. 그녀는 도망치지도 못하고 딸꾹질을 하면서 비틀거리다가 바닥에 꼬꾸라지는 자본가들의 머리를 강철 발로 짓밟는다. 그런 다음에 그녀는 크게 놀라고 두려움으로 식은땀을 줄줄 흘리는 자본주의 프랑스를 널찍한 손으로 집어서 내던 져버린다.

노동계급이 자신들을 지배하고 자신들의 본성을 타락시키는 악덕을 자신들의 마음속에서 근절시키고 스스로 막강한 세력으로 등장해서 자본주의적 착취를 당할 권리에 불과한 '인간의 권리'나 비참해질 권리에 불과한 '일할 권리'를 요구하기보다는 누구에게도 1일 3시간 이상의 노동을 금지하는 법을 제정하기로 결단을 내린다면 지구는, 이 오래된 지구는 자기 안에서 새로운 우주가 생겨나는 개벽의 기쁨으로 몸을 떨게 될 것이다. 그러나 자본주의 윤리에 물든 프롤레타리아에게 이렇듯 당당한 결단을 내리라는 요구를 어떻게 해야 할까….

고대 노예제의 우울한 상징인 예수와 마찬가지로 프롤레타리아 계급의 남자, 여자, 아이들은 고통이라는 험한 갈보리 언덕을 한 세기 동안 고통스럽게 걸어 올라왔다. 한 세기 동안의 강제노동으로 인해 그들의 뼈가 부서지고, 그들의 살이 찢어지고, 그들의 신경이 혹사당했다. 한 세기 동안의 굶주림으로 인해 그들의 내장과 뇌가 뒤틀어졌다. 오, 게으름이여! 이토록 오랫동안 고통을 받는 우리를 긍휼히 여기소서! 오, 게으름이여, 예술과 고귀한 미덕의 어머니여, 고통받는 인간에게 위안이 되어주소서!

우리 시대의 도덕가들은 아주 겸허하다. 노동의 교리를 고안해내고도 이것이 마음을 가라앉히고 영혼을 즐겁게 하며 내장이나 여타 신체기관이 원활하게 기능하는 데 도움이 되는가에 대해서는 여전히 의구심을 품고 있다. 그리하여 자본가들의 악덕을 변명하고 정당화하는 특이한 사명을 자본가들로부터 부여받은 그들은 그 교리를 자본가들에게 적용하기 전에 우선 동물실험을 하듯이 민중에게 적용해보고 그 효과가 어떤지를 점검해보고자 한다.

그러나 하찮은 철학자들이여, 주인에게는 감히 권하지도 못하는 윤리를 만들려고 머리를 쥐어짜는 이유가 무엇인가? 당신들이 그렇게도 자랑스러워하는 노동의 교리가 웃음거리가 되고 폄하되기를 바라는가? 고대의 역사를, 그리고 고대의 철학자와 입법자들의 글을 살펴보자. 역사의 아버지 헤로도토스는 말한다. "그리스인의 노동천시 풍조가 이집트에서 유래한 것인지 여부를 나는 확실하게 말할 수 없다. 왜냐하면 트라키아, 스키타이, 페르시아, 리디아 등지의 사람들도 노동을 천시했기 때문이다. 한마디로 대다수 야만족이 기계적인 기술을 배우는 자들과 심지어는 그런 자들의 자녀도 가장 비천한 부류로 간주했다. 그리스인도 모두 이러한 원칙 속에서 양육됐다. 특히 스파르타인은 이 점에서 더욱 두드러진다."[25]

---

25 헤로도토스, 《역사》, 2권.

"아테네 시민은 자신들의 선조에 해당하는 야만족 전사들과 마찬가지로 공동체의 방어 및 관리에만 관심을 두는 참다운 귀족이었다. 그들은 심신을 바쳐 국가의 이익을 지키는 데 모든 시간을 다 써야 했기에 일체의 노동은 노예에게 맡겼다. 마찬가지로 스파르타에서는 여성들이 귀족적 품위를 잃지 않도록 그들에게 실을 잣거나 천을 짜는 일을 하지 못하게 했다."[26]

로마에서 고상하고 자유로운 직업은 농업과 병역뿐이었다. 모든 시민은 '천박한 기술'(그들은 직업을 이렇게 표현했다)에 의존해 생계를 이을 필요 없이 국고의 지출에 의해 살아갈 권리를 갖고 있었다. 천박한 기술은 당연히 노예의 몫이었다. 브루투스는 폭군 타르퀴니우스가 자유인을 기술자나 석공으로 전락시키려고 한다고 비난하면서 대중을 선동했다.[27]

고대의 철학자들은 갖가지 관념의 기원에 대해 논쟁을 벌였지만 노동혐오에 대해서만큼은 의견일치를 보였다. 플라톤은 이상적인 공화국 모델로 제시한 자신의 사회적 유토피아에 대해 이렇게 말했다. "자연은 제화공도 석공도 만들지 않았다. 그러한 직업에 몸담는 사람은 천박해진다. 이름도 없이 비참하게 돈을 받고 일하는 자는 정치적 권리를 누리지 못한다. 거짓말로 남을 속이는 데 익숙한 상인은 그저 필요악으로서 도시에 머물도록 허락될 따름이다. 상업에 종사함으로

<hr>

26 비오(Biot), 《고대 서양의 노예제 폐지》, 1840.
27 리비우스, 《로마건국사》, 1권.

써 스스로를 더럽힌 시민은 기소된다. 그리하여 유죄가 확정되면 1년 간 감옥에 갇힌다. 그러한 범죄를 반복할 때마다 형량은 배로 늘어난 다."[28]

크세노폰은 《경제론》에서 이렇게 말한다. "육체노동에 몸담는 사람들은 당연히 공직자가 될 수 없다. 그들은 하루 종일 앉아 있어야 하고, 일부는 불의 열기도 계속 견뎌내야 한다. 그러니 그들 대다수의 육체는 변하지 않을 수 없고, 정신 역시 불가피하게 손상되지 않을 수 없기 때문이다." "상점에 무슨 명예로운 일이 있겠는가"라고 키케로 는 묻는다. "상업이 무엇을 명예로운 방식으로 만들어낼 수 있겠는가? 상점이라고 불리는 것은 모두 명예로운 자에게 어울리지 않는다. 상인 은 거짓말을 해야만 이윤을 얻는다. 그런데 거짓보다 더 부끄러운 것 이 세상에 어디 있겠는가? 아울러 자신의 노동을 파는 행위는 비열하 고 천박한 짓이다. 돈을 받고 노동을 제공하는 자는 스스로를 파는 자 요, 스스로를 노예상태로 전락시키는 자이기 때문이다."[29]

노동의 교리 때문에 짐승 취급을 받게 된 프롤레타리아여, 여태껏 조심스럽게 당신들이 알지 못하게 숨겨졌던 이들 철학자의 목소리를 들어보라. 자신의 노동을 제공하고 돈을 받는 시민은 노예와 마찬가지 이고, 수년간 감옥에 갇혀야 할 범죄를 저지른 자라는 것 아닌가.

기독교의 위선과 자본가의 공리주의도 고대 공화국의 철학자들

28 플라톤, 《국가론》, 5권.
29 키케로, 《의무론》, 1권.

을 왜곡하지 못했다. 고대 철학자들은 자유인을 대변하면서 자신들의 사상을 순수하게 표현했다. 플라톤이나 아리스토텔레스와 같은 지적 거인에 비하면 후대의 철학자들은 피그미 족에 불과하다. 그들 지적 거인은 자신들이 이상적으로 그린 공화국의 시민은 완전히 한가한 생활을 해야 한다고 주장했다. 왜냐하면 크세노폰의 지적처럼 "노동으로 하루 종일 시간을 빼앗기면 공화국과 친구들을 위해 봉사할 여가를 가질 수 없기" 때문이라는 것이었다. 플루타르코스에 따르면 인류 최고의 현자로 후대의 칭송을 받는 리쿠르고스가 거둔 위대한 업적은 돈벌이를 위한 직업을 갖는 것을 일절 금지함으로써 스파르타의 시민들에게 여가를 제공한 것이다. 그러나 우리 시대의 기독교 도덕가와 자본주의 도덕가들은 다음과 같이 반박할 것이다. "그 사상가와 철학자들은 노예제도를 예찬하지 않았는가?" 물론 맞는 말이다. 그러나 당대의 경제적, 정치적 조건 아래서 다른 방도가 있었을까? 고대 사회에서 전쟁은 흔한 일이었다. 자유인들은 국가의 일을 토론하고 국가를 방어하는 일에 전념해야 했다. 당시에 직업으로서 할 수 있는 일은 지극히 원시적이고 조악했기에 그것에 종사하는 사람들이 그것을 통해서는 군인이나 시민으로서의 생득권을 행사할 수 없었다. 따라서 철학자와 입법자들은 자신들의 영웅적인 공화국 안에 전사와 시민이 존재하게 하려면 노예제를 용인하는 수밖에 없었다. 자본주의의 도덕가와 경제학자들은 현대판 노예제인 임금노동을 예찬하고 있지 않은가? 그런데 자본주의 노예제는 누구에게 여가를 주는가? 로스차일드, 슈나이더, 부시코 부인처럼 자신의 악덕과 자신의 하인에 매인 노예, 다시 말해 쓸모없고 해로운 노예들에게 여가를 준다. "노예제에 대한 편견이 피타고라스와 아리스토텔레스의 정신을 지배했다"는 경멸조의 말도 있지만, 아리스토텔레스는 다음과 같이 예견했다. "다이달로스(그리스 신화에 나오는 명장―옮긴이)의 걸작이 저절로 움직이거나 불카누스(로마신화에 나오는 대장간과 불의 신―옮긴이)의 삼각대가 신성한 작업에 맞게 저절로 설치되듯이 모든 도구가 저절로 적절하게 작동한다면, 예컨대 직조기의 북이 저절로 움직인다면 노역장의 십장이나 노예소유주들은 더 이상 일손을 필요로 하지 않을 것이다."

아리스토텔레스의 꿈은 우리에게 현실이다. 불을 내뿜고, 지칠 줄 모르는 강철의 사지를 움직이고, 생산성을 갖고 있는 기계가 신성한 노동을 온순하게, 그리고 끊임없이 수행한다. 그럼에도 불구하고 위대한 자본주의 철학자들의 천재적인 정신은 최악의 노예제도인 임금제도에 대한 편견에 여전히 지배되고 있다. 기계는 구세주이며 인간을 '비천한 기술'과 임금노동에서 해방시키고 인간에게 여가와 자유를 가져다줄 신이라는 점을 그들은 아직도 깨닫지 못하고 있다.

추상적 개념의 기원

– 정의와 선이라는 개념의 기원에 대한 탐구

추상적 개념의 기원에 관한 논쟁

사상의 역사를 들여다보면 어떤 가설이나 이론이 등장해 한동안 연구와 토론의 대상이 됐다가 지적 활동의 장에서 자취를 감추고 한참의 망각기를 거친 뒤에 다시 등장하는 경우가 흔히 있다. 그러면 다시 등장한 가설이나 이론이 망각기에 축적된 지식을 바탕으로 재검토되며, 그 결과로 확정된 진리에 편입되기도 한다.

동식물에 인간의 성격을 부여하고 조상으로 모시는 야만인들이 무의식적으로 인정했고, 고대와 르네상스 시대의 사상가들이 과학적으로 예견했으며, 18세기가 막을 내릴 무렵에 자연주의자들이 훌륭하게 정의한 '종(種)의 연속성' 이론은 생틸레르와 퀴비에 사이의 주목할 만한 논쟁이 있은 후 망각 속에 너무도 깊이 묻혀 버렸다. 그래서 1859년에 다윈이 《종의 기원》에서 그러한 관념을 부활시켰을 때 그것은 다윈이 창시한 것으로 간주됐다. 1831년에 생틸레르는 〈계획의 통일성〉이라는 논문을 통해 종의 연속성을 주장했으나 그것을 입증할 만한 증거를 충분히 확보하지 못한 상태였다. 그러나 그 뒤로 풍부한 증거가 축적됨으로써 다윈과 그의 제자들은 그 이론을 완성시켜 학계에 발표할 수 있었다.

추상적 개념의 기원에 관한 유물론적 이론 역시 비슷한 과정을 거쳤다. 그리스의 사상가들이 제기하고 토론했으며, 17세기에는 영국에서, 18세기에는 프랑스에서 철학자들이 채택했던 이 이론은 부르주아지가 승리한 뒤에 철학적 관심사에서 배제되고 말았다.

사물이나 인간에 대응하는 개념도 있지만 정의, 진리, 선, 악, 수, 원인, 무한 등 객관적 세계에 유형의 대응물이 없는 개념도 있다. 발전기가 어떻게 운동을 전기로 바꾸는지를 모르는 경우처럼 감각을 개념으로 바꾸는 뇌의 작용에 대해 모른다고 하더라도 우리가 감각에 포착되는 대상에 대한 개념의 기원을 검토하는 데는 아무런 어려움도 없다. 반면에 객관적 실재에 대응하지 않는 추상적 개념의 기원은 연구의 대상이 돼왔지만 아직 명확한 연구결과가 없는 실정이다.

모든 사상의 출발점에서 만나게 되는 그리스의 철학자들은 추상적 개념과 관련된 문제를 제기하고 풀어보고자 했다. 스토아학파의 창시자인 제논은 감각을 지식의 원천으로 보았다. 그러나 감각은 일련의 지적인 변형과정을 거쳐야만 하나의 개념이 된다.

라틴어와 그리스어를 창시한 고대의 야만인들은 그리스 철학자들의 주장을 예견이라도 한 듯 사유가 감각에서 시작된다고 믿었던 것 같다. 왜냐하면 시각을 자극하는 사물의 물질적 외관을 지칭하는 그리스어 '에이도스(eidos)'는 '개념'을 의미하고, 미각을 자극하는 사물의 맛을 가리키는 라틴어 '사피엔티아(sapientia)'는 '이성'을 의미하기 때문이다.[30]

반면에 플라톤은 진, 선, 미 등의 개념이 본유적, 불변적, 보편적

....

30 그리스인은 시각을, 로마인은 미각을 중요하게 여긴 듯하다. 이는 다음 예에서 알 수 있다.

[그리스어]
― 에이도스(eidos): 외관, 물리적 형태.
― 에이돌론(eidolon): 형상, 그림자, 환영, 개념.
― 판타시아(phantasia): 외관, 외형, 형상, 개념.
― 그노마(gnoma): 표시, 생각.
― 그노몬(gnomon): 정사각형, 해시계, 지자, 학자.
― 노에오(noeo): 보다, 생각하다.
― 사페스(saphes): 단순한, 명백한, 시선을 자극하는.
― 소피아(sophia): 학문, 지혜.

[라틴어]
― 사포(sapo): 풍미, 음식을 판정할 때의 맛, 이성.
― 사피두스(sapidus): 맛있는, 입맛을 당기는, 현명한, 덕이 있는.
― 사피엔스(sapiens): 미식가, 현명한.
― 사피오(sapio): 맛보다, 이성적이다, 알다.

역사적으로 중요한 역할을 담당했던 그리스와 로마라는 두 나라의 사람들이 개념의 감각적 원천과 관련해 드러낸 이러한 차이는 두 나라의 특징을 그대로 보여준다. 그리스는 사상을 발전시키고 시적인 표현과 조형적인 표현을 하는 것으로, 로마는 법률의 구축하고 사람들과 다른 나라들을 혹독하게 다루면서 고대의 세계를 통합적으로 조직하는 것으로 중요한 역할을 수행했다.
어린아이와 미개인은 알고 싶은 어떤 대상물이 있으면 그것을 입에 갖다 댄다. 화학자도 비슷한 행동을 한다. '안다'는 뜻의 프랑스어 '사부아(Savoir)'와 그 파생어로 '과학자'라는 뜻인 '사방(Savant)'은 두 가지 의미가 결합된 단어다. '부아(Voir)'는 '눈으로 본다'는 뜻이고, '사(Sa)'는 '맛보기'를 의미하는 라틴어 '사피오(Sapio)'의 흔적이다.

이라고 생각했다. "인간의 영혼은 신을 추구하는 과정에서 우리가 '존재'라고 부적절하게 부르는 것을 멸시하고 유일의 참된 존재를 향해 고개를 들어 그 유일한 존재를 바라보며 명상했고, 그것이 무엇이었는지를 기억해냈다."(《파이드로스》) 소크라테스 역시 인간이 그 법칙의 수립과 실행에 합의한 적은 없지만 온 세상이 존중하는 '자연적 권리'를 인간과는 별도로 설정했다.[31]

....

31 소크라테스가 제시한 불문율 가운데 하나로 부모와 자식 간의 성관계를 금지하는 보편적 원칙이 있다. 크세노폰은 페르시아를 여행한 적이 있어서 조로아스터교의 사제들 사이에서는 신을 경배하고 고위 사제가 될 아이를 낳기 위해 그러한 근친간 성관계가 이루어진다는 사실을 알고 있었지만 그것은 자연의 법과 신의 법에 위배된다고 주장했다. 그러한 성관계의 결과로 태어나는 아기는 허약하다는 이유에서였다. 이로써 크세노폰은 스승인 소크라테스가 말한 '자연적 권리'에 근거한 법을 '경험에 의해 습득된 지식'에 근거한 생리적인 법으로 축소시킨 셈이다.

하지만 헤시오도스가 당대의 종교적 전설에 따라 우라노스가 자신의 어머니이자 최초의 여신이며 '만물의 어머니'(이는 호메로스의 표현이다)인 가이아를 아내로 삼았다고 기술한 사실을 소크라테스는 잊었던 것 같다. 인도, 스칸디나비아, 이집트의 종교에서도 근친혼의 사례를 볼 수 있다. 브라흐마(힌두 신화에 나오는 창조의 신—옮긴이)는 자기 딸인 사라바스티와 결혼한다. 오딘(북유럽 신화에 나오는 최고의 신—옮긴이) 역시 딸 프릭사와 결혼한다. 또한 베를린에 보관돼있는 '아나스타시 파피루스(고대 이집트의 파피루스 유물—옮긴이)'에 따르면 아몬(고대 이집트에서 숭배된 창조의 신—옮긴이)은 자기 어머니의 남편이 된 것을 자랑한다. 모든 원시종교에서 발견되는 근친혼의 신화는 역사적인 가치를 갖고 있다. 전설과 종교행사에는 오랫동안 망각돼온 과거의 시대에 대한 기억이 보존돼 있다. 아브라함이 제물을 올리는 성경 속의 이야기와 독실한 가톨릭교도가 육화한 신을 먹는 상징적 행위를 하는 기독교의 성찬식은 선사시대 셈 족의 인신공양이나 식인잔치를 어렴풋하게 반영하는 것이다.

인간이 종교적 전설을 만들어내는 과정은 일상생활이 소재가 된다는 점에서 인간이 개념을 만들어내는 과정과 같다. 여러 세기가 지나면 종교적 전설이나 개념을 낳은 현상은 변형되거나 사라져버리지만, 그 지적인 표현인 전설이나 제식의 형태는 살아남는다. 우리는 바로 이러한 형태를 면밀히 해석하는 것만으로도 영원히 사라져버린 것으로 여겨졌던 과거의 관습을 다시 불러낼 수 있다.

아리스토텔레스는 '자연적 권리'를 그리 신봉하지 않은 듯하다. 그는 자연적 권리가 신들에게만 불가침의 권리라고 익살스럽게 말했다. 올림포스의 신들은 얼마든지 자연적 권리에 따라 행동함으로써 당대의 도덕가들에게 충격을 주었다. 그리하여 피타고라스는 그런 신들의 행동을 전한 호메로스와 헤시오도스를 맹렬하게 비난했다.

아리스토텔레스는 권리란 보편적이지 않으며, 동등한 사람들 사이에서만 존재할 수 있다고 주장했다. 예컨대 가장은 아내, 자녀, 노예를 비롯해 자신에게 의존하고 있는 사람을 어떻게 대하더라도 괜찮다는 것이었다. 가장은 그들을 때리거나 팔거나 죽이더라도 권리를 침해하는 부당한 행위를 하는 게 아니라는 것이었다. 지금도 사람들이 흔히 그러하듯이 아리스토텔레스도 당대의 풍습에 권리를 끼워 맞췄다. 그는 가부장제적인 가족의 모습이 바뀔 것이라고는 생각하지 못했기에 가부장제적인 관습을 권리의 원칙으로 승격시켰다. 그러나 그는 권리에 보편적이고 불변적인 성격을 부여하기보다는 그 상대적인

페르시아 사제들의 근친혼과 여러 민족의 종교적 전설을 살펴보면 아주 먼 과거에는 부모와 자식 간의 성관계가 관습적인 것이었다고 가정하게 된다. 이와 관련해 엥겔스는 근친혼 관습을 최초로 금지하기에 이른 야만부족은 그러한 조치만 봐도 이미 경쟁부족보다 우위에 있었을 것이므로 경쟁부족의 근친혼 관습을 파괴했거나 자신들의 관습을 경쟁부족에 강요했을 것이라고 말했다. 따라서 그 어떤 관습보다 보편적인 관습이었기에 소크라테스가 자연적 권리의 법칙 가운데 하나라고 생각한 근친혼 금지가 늘 지배적이었다고 보기는 어렵고, 오히려 근친혼은 인간이 동물에서 진화하는 과정에서 자연스럽게 이루어진 행위였다고 봐야 할 것이다. 그러나 크세노폰의 생각처럼 근친혼이 초래하는 나쁜 결과가 경험에 의해 입증되면서 차츰 근친혼이 금지됐을 것이다. 축산업자들도 우량종을 얻기 위해 가축의 근친교배를 피하게 됐다.

가치만을 인정했고, 동등한 지위에 있는 사람들 간의 관계로 그 작동 범위를 제한했다.

아리스토텔레스의 스승이자 예민한 정신의 소유자였던 플라톤도 그와 같은 관습을 보면서 그것이 사라질 것이라고는 생각하지 못했던 것이 분명하다. 왜냐하면 그는 자신의 이상적인 공화국에 노예제를 도입하기까지 했기 때문이다. 그럼에도 그가 정의의 상대성에 대해 아리스토텔레스와 같은 견해를 갖지 않았던 이유는 무엇일까? 아리스토텔레스가 남긴 글을 검토해 보면 플라톤이 신비론자나 대부분의 소피스트와 마찬가지로 자신의 철학 전체를 글로 남기지 않고 소수의 믿을 만한 제자들에게만 밝혔다는 생각이 든다. 아마도 플라톤은 스승인 소크라테스의 비난이 두려웠거나, 아낙사고라스가 아테네에서 봉변을 당했던 사실을 염두에 두었는지도 모른다. 아낙사고라스는 이오니아에서 아테네로 자연철학을 들여왔다가 위험에 처하게 됐지만 간신히 도주해 목숨을 건진 바 있다.

플라톤에 대한 위와 같은 견해는 플라톤의 대화들을 서로 비교하면서 신중하게 읽어봐야만 확인된다. 왜냐하면 괴테가 말했듯이 플라톤은 글에서 종종 독자를 우롱하기 때문이다. 소크라테스의 스승과 소크라테스의 제자들 가운데 일부는 정의의 불변성을 그다지 미덥지 않게 생각했다. 소크라테스의 스승으로서 '자연주의자'라고 불릴 만한 아르켈라오스는 자연적 권리를 부정했으며, '정의'와 '부정의'라는 개념은 오로지 시민법이라는 형식을 통해서만 성립된다고 주장했다. 플라톤과 마찬가지로 소크라테스의 제자인 아리스티포스는 자연적 권리와 사회적 권리를 철저하게 무시하면서, 현명한 사람은 시민법 위에 있어야 하며 시민법이 금지하는 행동이라도 안전하게만 할 수 있다면 가능한 모든 행동을 다 할 수 있어야 한다고 주장했다. 시민법에서 금지하는 행동은 오로지 저속한 자들의 견해에서만 나쁜 것이며, 어리석은 자들을 통제하고자 고안된 것일 따름이라는 것이었다.[32] 플라톤은 이러한 견해를 밝힐 만큼 대담하지는 않았지만, 소년을 상대로 한 남색(男色)을 존중했고, 이를 통해 자연적 권리의 법칙을 그다지 중요하게 여기지 않았음을 보여주었다. 자연을 거스르는 사랑인 남색은 노예에게는 금지되고 자유로운 시민과 고귀한 남성만이 누릴 수 있는 특권이었다. 《국가론》 5권에 따르면 소크라테스는 남색을 전쟁에서 용맹을 떨친 사람들이 받는 보상의 하나로 여겼다.

개념의 기원에 대한 논쟁은 17세기와 18세기에 영국과 프랑스에서 다시 불붙었다. 당시에 부르주아지가 본격적으로 활동에 나서서 사회의 주도권을 장악하기 시작했다. 디드로를 비롯한 백과전서파는 본유적인 개념이란 존재하지 않는다고 선언했다. 인간은 백지상태로 세상에 태어나며, 시간이 흐름에 따라 자연의 사물이 주는 인상이 그 백지에 새겨진다는 것이 그들의 주장이었다. 콩디야크를 비롯한 감각론

....

32 아리스티포스와 키레네학파의 무정부주의적 견해는 역사적으로 여러 시기에 재현됐다. 1세기와 중세의 여러 기독교 종파, 그리고 17세기 영국혁명 및 18세기 프랑스혁명 시기의 여러 정치적 분파가 이러한 견해를 되살렸다. 오늘날에는 일부 무정부주의적인 분파들이 이를 전파하고 있다. 사회적으로 불균형한 상태에서는 당대의 윤리관과 전통적 윤리관을 냉소적으로 거부하는 사상이 생겨난다. 이 흥미로운 주제는 나중에 그리스 철학의 위기를 살펴볼 때 다루고자 한다.

자들은 다음과 같은 유명한 공리를 정식화했다. "애초에 감각에 들어 있지 않은 것은 오성에도 들어있지 않다." 뷔퐁은 어떤 개념을 확보하려면 먼저 사실을 수집해야 한다고 주장했다. 개념이란 비교된 감각들, 더 정확하게 말하면 '감각들의 결합'이라는 것이었다.

데카르트는 자기성찰을 하는 내성법(內省法)과 소크라테스의 '너 자신을 알라'는 방법을 부활시키고 '자아가 주어졌을 때 신을 찾아내기'라는 알렉산드리아 학파의 '난문'을 다시 사용함으로써 우주를 알기 위해 스스로 자아 안으로 고립되어 자아를 철학의 출발점으로 삼았다. 이 때문에 데카르트는 나중에 비코(이탈리아의 철학자—옮긴이)의 비판을 받았다. 데카르트는 기존의 교육을 통해 형성된 신념, 말하자면 감각을 통해 유아기부터 형성된 편견은 물론이고 학문이 가르치는 일체의 진리도 배제한 가운데 자아 속에서 본질이나 원인 등의 개념을 발견하고자 했다. 그는 그러한 개념은 인간의 지능에 내재하는 것이며 경험에 의해 획득되는 것이 아니라고 가정했다. 칸트의 표현에 따르면 그러한 개념은 보편적, 필연적, 합리적 개념이고, 그것에 대응하는 객체는 경험에 의해 제공되는 것이 아니라 명백하게 인간의 마음 속에 존재한다는 것이다. 그리고 인간은 부지불식간에 항상 어떤 필연적이고 보편적인 판단을 내리며, 이에 따라 가장 단순한 명제들에 본질, 원인, 존재의 원칙이 내포된다는 것이다.

라이프니츠는 개념이란 감각을 통해 생기고 인간의 오성에는 오성 그 자체를 제외하고는 본래 감각에 존재하지 않았던 것은 아무것도 존재하지 않는다는 로크 등의 주장을 반박했다. 라이프니츠에 따르면 인간은 오성 속에 모종의 개념들이 감추어진 상태로 태어나는데, 그 개념들은 외부의 대상과 만나면서 겉으로 드러난다고 한다. 인간의 지능은 개별적 경험이 시작되기 이전에 형성된다는 것이다. 그는 경험에 앞서는 개념들을 대리석의 층을 이루는 다양한 색깔의 줄무늬에 비유했다. 솜씨 좋은 조각가가 대리석을 다듬어 조각해내는 상(像)의 장식으로 그 줄무늬가 이용되듯이 개념들이 이용된다는 것이다.

로크에 앞서 홉스는 《인성론》에서 감각에 이미 존재하지 않은 개념이란 없고 감각이 개념의 기원이라고 주장함으로써 아르켈라오스의 이론을 되살렸다. 홉스는 《시민론》에서 정의로운 것과 그렇지 않은 것을 알려면 시민법에 주목해야 한다고 주장했다. "시민법은 어떠한 행위가 절도, 살인, 간통, 폭행으로 불려야 하는지를 우리에게 알려준다. 절도란 단순히 타인이 갖고 있는 것을 빼앗는 행위가 아니라 법률에 의해 타인에게 속한 것을 빼앗는 행위다. 어떤 물건이 내 것이고 어떤 물건이 타인의 것인가는 법률이 정할 문제다. 마찬가지로 사람을 죽였다고 해서 모두 살인이 아니다. 법률이 죽여서는 안 된다고 규정한 대상을 죽였을 때만 살인이 성립한다. 또한 여자와 잤다고 하여 모두 간통이 아니다. 법률에서 접근을 금지한 여자와 잤을 때만 간통이 성립한다."[33]

로마와 아테네의 귀족이 장인(匠人)의 아내와 잠자리를 함께 하

---

[33] 《시민론(De Cive)》, 소르비에르(Sorbiére) 옮김, 암스테르담, 1649. 홉스는 《리바이어던》에서도 《시민론》에서와 같은 입장을 취한다. 그는 "인간의 욕망과 열정 및 이로 말미암은 행위는 법률에서 금지하지 않는 한 죄가 아니다"라고 말한다.

는 행위는 간통이 아니었다. 그러한 여성에 대해서는 '범죄가 성립하지 않는다'고 법률이 정해 놓았기 때문이다. 그러한 여성은 귀족의 방탕에 바쳐지는 여성이었던 셈이다. 오늘날 영국에서는 간통한 아내를 죽인 남편은 천박한 살인자라 하여 즉시 교수형에 처해진다. 반면에 프랑스에서는 그러한 남편이 처벌을 받기는커녕 자신의 명예를 위해 복수를 한 영웅이 된다. 파스칼 이전의 회의주의자인 몽테뉴는 범죄를 고결한 행위로 바꾸려면 배를 타고 강을 따라 다른 곳으로 가기만 하면 된다고 말한 바 있다(《수상록》, 2권 13장).

로크는 개념이 감각과 성찰이라는 두 가지 원천에서 비롯된다고 주장했다. 콩디야크는 로크의 주장에서 '성찰'이라는 요소를 제외하고 감각만 남겨두었다. 이후 그는 감각을 주목, 비교, 판단, 이성, 그리고 결국에는 욕망과 의지로 바꾸어 놓았다.

한때 콩디야크의 제자였던 멘 드 비랑은 감각이라는 요소마저 내던져버리고 모든 것을 자아로부터 이끌어내는 데카르트의 방법론을 복구해 존중하면서 자신의 사상을 전개하는 출발점을 오성에서 찾았다.[34] 그는 다음과 같이 주장했다. "인간의 정신에서 원인 및 본질이

---

34 멘 드 비랑(Maine de Biran)의 지적인 발전과정은 대단히 흥미롭다. 19세기의 가장 주목할 만한 프랑스의 철학자인 멘 드 비랑에게서 부르주아 사상의 갑작스럽고 두드러진 방향전환을 발견할 수 있다. 그는 혁명계급의 일원이 된 뒤인 1794년에 작성한 논문(이것은 그가 죽은 해인 1824년에 유작으로 출간됐다)을 통해 베이컨과 로크가 '철학적 과학'을 창시했고, 콩디야크가 "그 한계를 설정하고 '형이상학'이라는 꿈을 영구히 쫓아냈다"고 선언했다.
　프랑스혁명력 9년 니보스 달(1801년 12월 하순~1802년 1월 초순—옮긴이)에 콩디야크의

감각주의가 지배하던 학술원이 〈관습이 사고능력에 미치는 영향〉이라는 논문을 제출한 멘드 비랑에게 상을 수여했다. 멘 드 비랑은 이 논문에서 지각능력이 모든 능력의 원천이라는 공리를 설정하고 인간 연구에 관한 베이컨의 방법론을 적용하는 가운데 물리학을 통해 형이상학을 연구해야 한다고 주장했다. 역시 ‘영향’을 부정할 필요가 있다고 생각한 드 제르나도(De Gemado)도 〈기호가 사고능력에 미치는 영향〉이라는 논문으로 1800년에 학술원상을 받았다. 그는 콩디야크의 학설을 가리켜 “인간의 이성이 가장 큰 관심을 기울인 이론에 대해 인간의 이성이 최종적으로 한 말”이라고 주장했다.

1805년에 멘 드 비랑은 〈사고의 분해〉라는 새로운 논문으로 학술원상을 받았다. 당시에는 정치적 환경이 바뀐 상태였다. 승리를 거둔 부르주아지가 가톨릭을 재도입해 활용하고 있었다. 가톨릭이 부르주아지의 경쟁상대인 귀족계급의 잡역부 노릇을 하던 과거에는 부르주아지가 그것을 비웃고 짓밟았지만 이제는 태도가 바뀐 것이었다. 정치권에서 권력이 재정비되고 앙시앵 레짐의 억압적 세력이 강화되는 동안에 철학자들은 백과전서파의 ‘분석적이고 우상파괴적’인 철학의 지적 기반을 제거하는 작업에 착수했다. 학술원은 멘 드 비랑의 논문에 상을 수여함으로써, 그리고 멘 드 비랑은 논문을 씀으로써 새로운 사회적 조건이 부과한 과업을 열심히 수행하고 있었다. 멘 드 비랑은 학술논문을 통해 콩디야크가 분석이라고 해놓은 내용 속에 다소의 착각이 존재하며, 어떤 변형의 원칙도 적용하지 않으면서 감각이 판단이나 의지로 변형된다고 한 그의 주장에 문제가 있다고 지적했다. 그리하여 멘 드 비랑은 18세기 철학이 보인 여러 가지 일탈현상은 인간의 정신에 대한 연구에 부적절하게 적용된 베이컨의 방법론에 문제가 있었기 때문이라고 보고, 감각을 통해 인식되는 물리적 현상과 내재적 사실을 동일시하는 그 어떤 견해에도 반대하는 입장을 취한다. 이로써 소피스트들이 철학자들의 뒤를 잇게 된 것이다.

1808년에 사망하게 되는 카바니스(Cabanis, 프랑스의 의학사이자 철학자인 피에르 카바니스를 가리킴―옮긴이)는 아직 방향전환을 할 시간이 있었다. 그는 1802년에 발표한 〈인간의 물리적 측면과 윤리적 측면의 관계〉라는 유명한 논문에서 다음과 같이 주장했다. “의학과 윤리학은 모두 ‘인간의 본성에 대한 물리적 지식’에 근거한다. … 윤리의 근원은 인간이라는 유기체다. … 콩디야크가 동물세계를 이해했더라면 영혼이 존재가 아니라 기능임을 간파했을 것이다. 인간의 뇌는 생각을 만들어내게 돼있는 신체기관이다. 이는 위와 장이 소화를 담당하게 돼있는 것과 같다. 인상(印象)은 뇌가 섭취하는 음식이다. … 그것은 뇌로 들어가서 뇌를 작동시킨다. … 인상은 개별적으로 두서없이 뇌에 들어가지만 뇌는 그것에 작용을 해서 그것을 변형된 개념으로 생성한다.” 이렇듯 유물론적인 주장을 전개한 카바니스는 ‘제1의 원인’에 관한 내용을 담아 포리엘(Fauriel)에게 보낸 서신(이것은 카바니스가 죽은 지 16년이 지난 뒤에 출간됐다)을 통해 세계를 지배하는 지능으로서 신이 존재하며, 사후에도 자아가 존속한다는 의미에서 영혼은 불멸성을 갖는다고 선언했다. 포리엘이 카바니스를 개종시킨 것이다. 이는 라퐁텐이 샤토브리앙을 무신론적 루소 추종자에서 반동적 신비주의자로 바꾸어 놓은 것과 비슷하다. 샤토브리앙은 1797년에 〈혁명론〉을 썼으나 1802년에는 〈기독교의 정수〉라는 논문을 발표했다. 아울러 언론출판계와 여러 정부부서에도 사람들을 개종시키고자 하는 소수가 있었고, 그들은 길을 잃은 문필가와 철학자들을 ‘건전한’ 학설로 이끌고자 했다.

혁명을 거쳐 반대편 출구로 나간 사람들의 변절과 배반을 비난하는 것은 부질없는 짓이다. 주목할 만한 이런 사람들은 자신들을 생애의 초기에 전선으로 가도록 이끈 정치적, 철학적 견해라는 개념은 그것을 포함하는 원칙보다 앞선다. 우리는 먼저 우리의 안에 내재된 원인 및 본질에 관한 지식의 범위 안에서 원인 및 본질에 대해 생각한다. 그런 다음에야 우리는 추론을 통해 원인 및 본질이라는 개념을 우리의 밖으로 끌어내며, 그러한 추론이 우리로 하여금 어떤 현상과 성질이 있는 곳에서 그 원인 및 본질을 파악할 수 있게 한다.” 원인 및 본질에 관한 원칙은 결국 어떤 현상 외에는 아무것도 아니거나, 흄의 표현을 빌리자면 인간의 오성이 빚어낸 허구다. 부르주아 유심론자들이 그토록 남용했던 데카르트와 소크라테스의 내성법은 회의론에 이르기도 하고 무기력한 상태에 도달하기도 한다. 왜냐하면 모즐리(영국의 정신과 의사―옮긴이)의 말처럼 “개인의 의식을 통해 심리활동의 깊은 내면을 조망하려는 시도는 우주 전체를 성냥불 하나로 밝히려고 하는 것과 비슷”하기 때문이다.

영국과 프랑스에서 부르주아지가 최종적으로 승리함으로써 철학적 사고에 완전한 혁명이 일어났다. 한때 철학적 사고의 중심에 위치

....

를 고수하고 싶었을 것이다. 그러나 자신의 생계수단과 직책을 유지하기 위해, 그리고 거만해진 부르주아지의 호의를 얻기 위해 그러한 견해를 희생시킬 수밖에 없었다. 그래서 그들은 자신이 가졌던 기존의 견해를 부르주아지의 물질적 이익과 지적 요구에 알맞은 정치와 철학으로 대체했고, 사회적 환경의 영향을 받아 부르주아계급이 됐다. 별다른 통증 없이 피부가 바뀐 셈이다. 따라서 이는 도덕적으로 분개해야 할 문제가 아니다. 그들로 하여금 정치적 노선과 지적인 태도를 바꾸게 한 사회적 원인이 검토하고 분석해야 할 문제다. 역사상 19세기 초만큼 사회적 사건이 인간의 사고에 미치는 직접적인 영향을 더 잘 파악할 수 있는 시기도 드물다. 게다가 이 시기는 그 뒤로 새로운 지배계급의 지적인 측면을 대부분 형성하게 되는 경제이론, 정치이론, 철학이론, 종교이론, 문학이론, 예술이론의 거의 모두가 정식화된 기간이라는 점에서 독특한 시기다.

했던 홉스와 로크와 콩디야크의 이론은 권좌에서 쫓겨났다. 사람들은 그들의 이론에 대해 더 이상 토론하지 않았고, 인간의 영혼이 하느님의 방식을 버림으로써 방황하게 됐음을 예증하는 용도로 토막 나거나 왜곡된 형태로만 그들의 이론을 언급할 뿐이었다. 이러한 반동의 움직임은 샤를 10세에 이르면 유심론자들의 철학마저도 의심의 대상이 되는 정도에 이른다. 그들이 대학에서 가르치지 못하게 하려는 시도도 있었다.[35] 승리를 거두어 의기양양해진 부르주아지는 '이성'이라는 제단 위에 영원한 진리와 가장 저속한 유심론을 다시 올려놓았다. 그리스, 영국, 프랑스의 철학자들이 사회적 환경에 알맞게 합리적인 비율로 축소시켰던 '정의'가 이제는 필수적이고 불변적이고 보편적인 원칙이 됐다.

지극히 학술적인 부르주아 철학자는 다음과 같이 말한다. "정의란 일정불변하며 항상 존재한다. 그러나 인간의 사고와 사회적 사실에는 점진적으로만 등장한다." 정의의 활동영역은 점점 더 확장됐을 뿐 좁혀지지는 않았다. 일단 확보된 정의의 활동영역은 인간의 힘으로는 결코 위축시킬 수 없다는 것이었다.

백과전서파는 개념의 기원을 열정적으로 추적했다. 그들은 어린

---

35 1828년에 한 철학교수는 다음과 같이 썼다. "최근 몇 년 간 당국에서 철학연구를 스콜라철학의 시대로 거의 되돌려 놓았다. … 강의는 라틴어와 고대의 논법을 사용해 진행하라는 지시가 내려왔다. 현재 대다수의 대학에서 이러한 지시가 이행되고 있다. … 프랑스 전역에서 라틴어와 고대의 논법으로 철학을 한다. 그렇다면 무엇에 대해 철학을 하는가? 각 학파의 이론에 대해, 그리고 그에 대응하는 것들에 대해 철학을 한다. 다시 말해 논리학, 형이상학, 윤리학에 대해 토론하는 것이다."(《19세기 프랑스 철학사》, 다미롱(Damiron, 부르봉대학 철학교수), 파리, 1828.)

아이와 미개인의 지능을 연구함으로써 개념의 기원을 밝혀낼 수 있다고 생각했다.[36] 그러나 새로운 철학은 위험한 결론에 도달할지도 모를 그들의 연구를 경멸하며 거부했다. 빅토르 쿠쟁은 진, 선, 미에 관한 논문에서 "기원의 문제는 일단 유보해두기로 하자"고 주장했다. "지난 세기의 철학은 이러한 질문에 지나치게 순응적이었다. 빛을 찾고자 어두운 영역을 탐구하는 이유가 무엇인가? 아울러 현실을 설명하고자 단순한 가설에 의존하는 이유가 무엇인가? 그 자체로서 연구할 수 있는 현재를 설명하고자 원시적인 단계로 되돌아갈 이유가 무엇인가? 완성되고 완전한 형태로 인식이 가능하고 그렇게 인식해야만 하는 대상의 발생단계를 탐구할 필요가 어디에 있는가? 우리는 널리 알려진 아베론의 야생소년 또는 오세아니아 군도나 아메리카 대륙에 사는 그와 같은 미개인들을 통해 인간의 본성을 연구해야 한다는 주장에 절대적으로 반대한다. 실제의 인간은 그 자체로서 완벽한 인간이다. 실제의 인간

....

36 인류관찰학회(La Société des observateurs de l'homme). 퀴비에(Cuvier)와 정신과 의사인 피넬(Pinel), 철학자인 제랑도(Gerando), 법률가인 포르탈(Portalls) 등은 이 학회의 회원이었다. 프랑스혁명력 8년(1800년) 프레리알 달에 그들은 유아를 일상적으로 관찰하여 신체적, 지적, 도덕적 능력의 발달과정을 파악하고, 주위의 사물이나 인간의 영향이 유아의 발달과정을 촉진하거나 저해하는 정도를 연구한 것으로 600프랑의 상금을 받았다.

〈데카드 필로소피크〉가 전한 바에 따르면 제랑도는 같은 해의 프레리알 달 30일에 미개인 관찰의 방법론에 대해 몇 가지 의견을 제시했다. 또한 태어날 때부터 듣지도 말하지도 못하는 마시외(Jean Massieu, 1772~1846, 프랑스의 교육자—옮긴이)의 유년기에 관한 글을 기고한 회원도 있었다.

인류관찰학회는 프랑스혁명력 8년 말에 아베론(프랑스 남부에 있는 마을—옮긴이)에서 파리로 이송돼온 야생소년을 관찰하는 데 각별한 관심을 보였다. 사냥꾼 세 명에 의해 숲속에서 발견됐을 당시에 소년은 벌거벗은 상태로 나무뿌리 등을 먹으며 살고 있었고, 나이는 10살 정도 된 것으로 보였다.

본성은 완전하게 발달된 인간본성이다. 이는 실제의 사회가 나름대로 완성된 사회를 의미하는 것과 같은 이치다. 아이나 야만인에게서 시선을 거두고 실제로 존재하는 진정하고 완성된 인간에 주목하자." 소크라테스와 데카르트의 자아는 필연적으로 부르주아에 대한 경배로 이어질 수밖에 없다. 부르주아를 완벽하고 완성된 인간유형, 다시 말해 '선'과 '정의'라는 영구불멸의 원칙을 토대로 하여 완성된 사회질서인 부르주아 사회에 봉헌된 완전히 발달된 상태의 인간유형으로서 부르주아를 경배하게 되는 것이다.

이제부터는 이런 '정의'라는 가치와 영구적 진리를 내세우는 이런 '부르주아 유심론'에 대해 고찰하고 개념의 기원에 대한 논쟁을 재개해보자.

본능과 추상적 개념의 형성

유심론적 철학자들이 말하는 '선천적 개념'을 우리는 동물의 본능에 적용해볼 수 있다. 라이프니츠에 따르면 동물은 신체적, 지적 능력이 미리 형성된 상태에서 태어나기 때문에 경험을 거치지 않고도 개체의 생존과 종의 번식에 필요한 복잡한 활동을 즉각적으로 수행할 수 있다고 한다. 이러한 선천성은 나비나 풍뎅이 같이 변태과정을 거치는 곤충에게서 가장 두드러지게 나타난다. 곤충은 변태의 각 과정에 알맞은 생명형태를 적극적으로 취한다. 세바스티앵 메르시에는 "본능이란

선천적 개념"이라고 주장했는데 이는 전적으로 옳은 견해다.[37] 유심
론자들은 동물이 자연환경에 서서히 적응한 결과로 본능이 형성됐다
는 생각은 전혀 하지 않고 대뜸 본능이란 신의 은총이라는 결론을 내

<hr>

37 프랑스혁명력 8년 니보스 달의 7일(1799년 11월 28일—옮긴이)에 세바스티앵 메르시에
(Sébastien Mercier)는 혁명으로부터 막 빠져나온 상태인 파리에서 선천적 개념에 대한 첫 강의
를 했다. 그것은 "콩디야크와 로크, 그리고 그들의 형이상학을 타파"하기 위해서였다. 그는
반세기 동안 잠자고 있었던 유심론 철학을 처음으로 깨운 인물로 루아예-콜라르(Royer-
Collard)를 지목했다. 루아예-콜라르에게 이러한 영예(그것이 '영예'라고 한다면)가 주어진 것
은 메르시에의 불균형한 지능 덕분이었다. 그 불균형한 지능은 칸트를 백과전서파에 대치시
켰고, 뉴턴에 대해서는 "지구를 태양이라는 화로 앞에서 칠면조 고기처럼 돌게 만들 정도로
어처구니없는 상상이나 하는 빛의 해부학자"라고 요란하게 반박했다. 프랑스에서 메르시에
이상으로 부르주아 유심론의 대부로 간주될 만한 사람은 없었다.
　선천적 개념에 대한 메르시에의 강의는 선풍을 불러일으켰다. 그의 강의에는 수많은 사람들
이 참석했다. 플로레알 달 10일(1800년 4월 30일)자 〈데카드 필로소피크〉는 그가 한 강의의 내
용을 전했다. 이에 따르면 메르시에는 처음부터 이렇게 말했다고 한다. "나는 선천적 개념을
인정한다. 그렇게 하는 데 있어서 나는 나의 마음속 깊은 곳에 존재하는 이성에 복종한다. …
인간은 객체나 감각과는 독립적으로 사고한다. … 선천적 개념으로 모든 것을 설명할 수 있다.
인간이 갖고 있는 개념은 천상의 진실을 그대로 보여준다. … 본능은 선천적 개념이다."
　로베스피에르는 메르시에의 선조 격인 인물이다. 그는 다음과 같은 유명한 포고령을 통해 마
치 쫓겨났던 경찰청장을 복귀시키듯이 '하느님'을 복위시켰다.

1조. 프랑스의 국민은 하느님과 영혼의 불멸성을 인정한다.
4조. 하느님에 대해 생각하고 그 신성함을 기리기 위한 축제를 거행해야 한다.

로베스피에르의 연설이 있은 후 하느님을 복위시키는 축제에서 울려 퍼진 찬송가는 다음과
같은 무신론의 종말을 예고했다.

감히 주님을 위협하던 자들은 어디에 있는가.
선량한 시민의 탈을 쓴
타락한 무신론자들,
주님을 인간의 영혼에서 지우려 했던 자들은 어디에 있는가.

사람들이 자연으로 돌아가면서
자연의 창조자를 잊으리라고
그들은 생각했단 말인가.

렸다. 그동안 인간은 자기가 이해할 수 없는 현상에 대해서는 그 원인을 인간의 지능이 미치지 못하는 위치에 두기를 결코 주저하지 않았다. 그러나 불변의 능력이자 편차나 변형을 허용하지 않는 유심론자들의 '정의'와 본능은 다르다. 가축의 선조인 야생동물에게 신이 자비롭게도 부여해준 본능은 그 야생동물이 가축이 되면서 바뀌어버렸다. 뒤뜰에서 돌아다니는 닭이나 오리는 하늘을 나는 본능을 거의 상실한 상태다. 인간이 그들을 수백 년간 인공적인 환경 속에서 살게 했기에 그들에게 나는 본능이 불필요하게 됐기 때문이다. 실론 섬의 오리는 수상생활의 본능을 잃어버렸다. 그래서 그 오리를 물에 들어가게 하려면 억지로 떠밀어 넣어야 한다. 닭의 경우를 보면 우당종, 라플레슈종, 캠파인종은 모성본능을 잃어버렸다. 이들은 원래부터 알을 잘 낳는 품종인데도 자기가 낳은 알을 품으려고 하지 않게 됐다. 독일의 일부 지역에서는 갓 태어난 송아지를 어미 소에게서 떼어내기를 몇 세대에 걸쳐 반복하자 일부 암소에서 모성본능이 눈에 띄게 약해지는 것이 관찰됐다. 지아르(프랑스의 동물학자—옮긴이)는 포유류의 암컷이 모성본능을 갖게 되는 주된 이유 가운데 하나로 유방에 젖이 가득 차면 고통스럽기 때문에 젖을 몸에서 배출해야 할 필요가 있다는 점을 들었다.[38]

---

38 〈르피가로〉의 1880년 1월호 부록에는 한 선교사의 편지가 실렸다. 적도지방에 사는 원주민 여인이 자기 아이가 죽은 시체를 보며 탄식하는 내용이다. 그 원주민 여인의 탄식은 원시적인 모성애에서 젖이 담당하는 역할을 보여준다. "내 주인, 아아, 내 소중한 아들, 내 작은 아버지, 내 사랑, 왜 나를 떠나버렸니? 네가 가지고 놀기 좋아하던 이 가슴에 날마다 따뜻한 젖을 채워놓았는데. 무심한 아기야! 내가 언제 너를 잊은 적이 있니? 아아, 슬프구나! 젖으로 짓눌린 내 가슴은 이제 누가 편하게 해주나!"

한 자연주의자에 따르면 둥지를 만드는 가시고기의 본능은 신의 섭리가 아니라 교미기 동안에 콩팥에 일시적으로 염증이 생기기 때문에 형성된 것이라고 한다.

가장 뿌리 깊은 본능을 바꾸는 데도 그리 오랜 시간이 걸리지 않는다. 로머니스(영국의 생물학자―옮긴이)에 따르면 암탉에게 오리의 알을 세 차례 품게 했더니 나중에는 그 암탉이 자기가 품어 부화시킨 알에서 태어난 병아리들을 물에 집어넣으려고 했다고 한다. 인간은 개의 본능을 뒤바꿔놓았다. 필요에 따라 개에게 새로운 본능을 주입했다가 나중에 그 본능을 억제하기도 했다. 야생상태의 개는 짖지 않는다. 그러나 문명화한 인간이 개에게 짖는 본능을 주입했고, 그 뒤에 특정한 종류의 개에 대해서는 짖는 본능을 억제시켰다. 하운드는 사냥감을 발견하면 크게 짖으면서 뛰어가 덮친다. 반면에 사냥감을 발견한 세터는 소리를 죽인 채 멈춰 선다. 세터가 좋은 견종이라면 새롭게 형성된 그러한 본능을 드러내게 하기 위한 개별적인 교육을 필요로 하지 않는다. 처음으로 사냥에 나선 강아지는 돌이나 양 등을 만나게 되면 소리 없이 멈춘 채 움직이지 않는다. 이러한 성향은 뇌에 심어져 있지만 분명하지 않은 상태이기 때문에 그것이 드러나게 하려면 특별한 훈련이 필요하다. 어떤 동물의 본능을 바꾸거나 억제하고 새로운 본능을 주입하려면 그 동물을 새로운 생존조건 속에 놓아두기만 하면 된다. 따라서 야생동물의 본능은 살게 된 자연환경의 조건에 적응한 결과일 따름이다. 본능은 느닷없이 생겨난 것이 아니다. 알려지지는 않았어도 반드시 존재했을 내적, 외적 현상에 대한 작용과 반작용을 통해 점진적으로 발달된 것이 바로 본능이다.

인간은 공부를 통해 자기 안에 본능을 형성시킬 수 있다. 인간은 뇌를 어떻게든 긴장시키지 않고서는 정신적으로나 신체적으로나 아무것도 배울 수 없다. 뇌의 긴장도는 공부의 대상이 익숙해지는 데 비례해 낮아진다. 예를 들어 피아노를 배우기 시작하는 경우에 악보대로 정확하게 건반을 두드리려면 손과 손가락의 움직임을 주의 깊게 살펴야 한다. 그러나 익숙해지면 건반을 보지 않고도 기계적으로 피아노를 치는 단계에 이른다. 그래서 심지어는 연주를 하면서도 다른 것을 생각할 수 있다. 외국어를 배울 때에도 이와 마찬가지로 처음에는 단어, 관사, 전치사, 접미사, 형용사, 동사 등의 선택에 끊임없이 신경을 써야 하지만, 해당 언어에 익숙해지면 그러한 것들이 본능적으로 머릿속에 떠오른다. 인간과 동물의 뇌와 신체는 처음에는 자발적이고 의식적이고 지속적인 수의의 결과였던 것을 자동적인 행동으로 바꾸는 속성이 있다. 이런 자동화라는 속성이 없다면 인간은 정신적으로도 신체적으로도 무엇인가를 배우기가 불가능하다. 말하거나 걷거나 먹기 위해 자신의 움직임에 언제나 주목해야 한다면 죽을 때까지 유년기에 머물러야 할 것이다. 교육은 인간으로 하여금 지능을 사용하지 않게 한다. 교육은 인간을 점점 더 복잡한 기계로 변화시킨다. 이런 결과는 역설적이다.

성인의 뇌는 자신의 교육이 어느 정도이고 인류 전체의 교육이 어느 정도인가에 따라 서로 다르지만 자동화돼있다는 점에서는 같다. 원인, 본질, 존재, 숫자, 정의 등과 같은 기본적인 추상적 개념은 먹고 마시는 것과 같이 인간에게 익숙하고 본능적이다. 인간은 추상적 개념을 어떻게 갖게 됐는지를 잊어버렸다. 왜냐하면 문명화한 인간은 그러한 개념을 즉각 갖게 되는 습성을 세터와 마찬가지로 물려받은 상태로 태어나기 때문이다. 그러나 이런 습성은 조상 대대로 수천 년간에 걸쳐 축적된 경험의 결과다. 추상적 개념이 인간의 머릿속에서 자연적으로 생겨났다고 생각하는 것은 자전거나 그 밖의 가장 개선된 형태의 기계가 첫 시도에서 그렇게 만들어졌다고 생각하는 것만큼이나 우스꽝스럽다. 추상적 개념은 동물의 본능과 마찬가지로 개인의 내부와 인류의 내부에서 점진적으로 형성된 것이다. 추상적 개념의 기원을 파악하려면 데카르트처럼 문명화된 성인이 생각을 하는 방식을 분석하는 것만으로는 불충분하다. 백과전서파가 그랬던 것처럼 아동의 지능을 탐구하고 시대를 거슬러 올라가 원시적 야만인에 대한 연구를 해야 한다. 정치제도, 사회제도, 예술, 과학 등의 기원을 탐구하고자 할 때 그래야 하는 것처럼.[39]

18세기의 감각론자들은 인간의 두뇌는 '타불라 라사(Tabula Rasa, 백지상태)'라고 주장하면서 데카르트의 정화론(淨化論)을 급진적인 방식으로 부활시키고자 했다. 그러나 그 과정에서 그들은 지극히 중요한 사실을 간과했다. 즉 문명인의 뇌는 수백 년 동안 경작된 '밭'

....

39 고대인들은 학문의 기원을 찾기 위해 동물에 주목하기를 주저하지 않았다. 그리하여 그들은 의학의 기원은 신에게 있다고 주장하면서도 일부 치료법과 간단한 수술법은 동물에서 찾았다. 플리니우스의 《자연사》에 따르면 크레타 섬에서는 야생 염소를 관찰해서 약초를 이용하는 법을 알게 됐고, 개를 관찰해서 개밀이라는 풀을 이용하는 법을 알게 됐다고 한다. 또 이집트에서는 강제배설을 통한 치료법은 개에게서, 피를 뽑아내는 사혈 치료법은 하마에게서, 물질주입 방식의 치료법은 황새에게서 발견했다고 한다.

과 같고 거기에 수천 세대에 걸쳐 생각과 개념의 씨앗이 뿌려졌다는 사실, 라이프니츠의 정확한 표현에 따르면 문명인의 뇌는 개별적 경험이 시작되기 전에 이미 형성된 것이라는 사실을 그들은 간과했다. 우리는 뇌의 분자배열 자체가 수많은 관념과 개념을 만들어낼 수 있도록 돼있음을 인정해야 한다. 그래야만 파스칼처럼 뛰어난 사람들은 유클리드의 책 첫째 권에 나오는 공리들처럼 오랜 세월에 걸쳐 수많은 사상가들이 몰두한 결과로 성립된 추상적 개념을 혼자만의 힘으로 발견해내기도 했던 사실을 설명할 수 있다. 어쨌든 두뇌는 이처럼 특정한 관념이나 기본적인 개념을 습득하는 능력을 갖고 있지만, 그러한 습득 자체를 인식하지는 않는다. 두뇌는 감각을 통해 외부로부터 인상을 수용하기만 하는 게 아니다. 두뇌는 영국의 생리학자들이 '무의식적인 두뇌작용'이라고 부르는 것을 통해 스스로 분자 수준의 작동을 하며, 이러한 작동은 두뇌로 하여금 개념을 습득할 수 있게 하고 더 나아가서는 경험을 거치지 않고도 새로운 개념을 만들어내게 한다. 학생이 무언가를 불완전하게 배운 후에 잠자리에 들면 수면상태에서 그 내용이 기억 속에 고정되며, 이 경우에 학생은 그와 같은 소중한 두뇌의 기능을 활용하고 있는 것이다.

인간의 뇌는 매우 신비롭다. 그것은 생리학자들이 탐구를 시작하지도 못한 '테라 인코그니타(Terra Incognita, 미개척지)'다. 뇌는 개인이나 인류가 진화해온 환경 속에서 발현될 기회를 제대로 가져보지 못한 여러 가지 능력을 갖고 있는 것이 틀림없다. 그러므로 휴면상태에 있는 능력은 외부환경이 뇌에 직접적인 영향을 미쳐서 생기는 것이 아니라 뇌가 여타의 기관에 영향을 미치고 해당 기관이 다시 신경중추에 반작용을 하기 때문에 생기는 것이라고 보아야 한다. 괴테와 생틸레르는 이러한 현상을 가리켜 '기관들 사이의 균형 잡기'라고 불렀다. 이와 관련된 두 가지 역사적 사례를 제시하겠다.

미개인은 평상시에 하는 활동보다 훨씬 다양한 지적 활동을 할 수 있다. 유럽인은 수백 년에 걸쳐 아프리카 연안에서 수많은 미개한 흑인을 붙잡아 식민지로 이송했다. 그들은 수세기 동안 문명과 동떨어진 곳에서 살아온 미개인이었지만 아주 짧은 시간 안에 문명의 기술을 습득했다. 파라과이의 과라니 족은 예수회 선교사들에게 교육을 받기 전에는 나무로 만든 활과 곤봉으로 무장하고 벌거벗은 몸으로 숲을 돌아다녔다. 그들은 옥수수를 기르는 것 외에는 아무런 지식도 갖고 있지 않았다. 그들은 지능이 지극히 초보적이어서 손가락과 발가락을 모두 동원해 스물을 셀 줄 아는 데 그치고 그 이상은 세지 못했다. 그러나 예수회 선교사들은 과라니 족을 어려운 작업도 할 줄 아는 숙련된 공예기술자들로 만들었다. 복잡한 오르간, 지구본, 그림, 장식된 조각 등의 제작과 같이 정교한 작업을 수행하게 된 것이다. 이러한 작업과 기술 및 그에 상응하는 개념이 과라니 족의 손이나 뇌에 선천적으로 존재하던 것은 아니었다. 따라서 그것은 말하자면 휴대용 풍금에 공기를 불어넣듯 예수회 선교사들이 과라니 족에게 불어넣은 것이었다. 과라니 족의 뇌는 스스로의 힘으로 그러한 공예기술 능력을 습득할 수는 없다고 하더라도 적어도 그러한 습득을 할 수 있도록 '미리 형성'(이는 라이프니츠의 표현이다)돼 있었다.

공예기술과 마찬가지로 문명인의 추상적 개념도 미개인들에게는 분명 낯선 것이다. 그들에게는 일반적 개념에 대한 언어가 존재하지 않는다는 사실이 그것을 입증한다. 그렇다면 문명인에게는 지극히 친숙한 추상적 개념은 어떠한 방식으로 인간의 뇌에 유입됐는가? 철학적 사색을 엄청나게 지배해온 이 문제를 해결하려면 백과전서파가 그랬듯이 비코가 개척한 길을 따라 언어를 탐구해야 한다. 언어는 감정과 개념을 표현하는 데서 첫 번째 양식은 아니더라도 가장 중요한 양식이기 때문이다.[40] 언어가 담당하는 역할이 막중하기에 초창기의 기독교인들은 원시인의 사고방식을 되살려 이렇게 말했다. "말씀은 곧 하느님이다." 그런가 하면 그리스인들은 '로고스(logos)'라는 하나의 단어로 말과 생각을 모두 가리켰다. 또한 그들은 '말하다'라는 뜻의 동사 '프라조(phrazo)'에서 '스스로에게 말하다', 즉 '생각하다'라는 뜻의 동사 '프라조마이(phrazomai)'를 파생시켰다. 아무리 추상적인 두뇌라도 언어를 이용하지 않고는 생각을 할 수 없다. 아이들이나 많은 어른들이 생각하는 것을 입으로 중얼거리곤 한다. 이처럼 실제로 입으로 말하지는 않더라도 마음속에서라도 자기 자신에게 말을 하지 않고는 생각을 할 수 없다. 지능의 발달과정에서 언어가 하는 역할은 매우 크다. 그러므로 어원학적인 단어의 형성과정과 그 단어의 의미에 해당

---

40 비코(Vico)는 《고대 이탈리아인의 지혜》라는 저서의 서문에서 이렇게 말했다. "나는 고대 이탈리아인의 지혜를 라틴어의 기원에서 발견하고자 한다. 우리는 언어의 기원에서 그들의 철학을 파악해야 한다."

단어를 만들어 사용하는 사람들의 생활여건과 정신상태가 반영되지 않을 수 없다.

가장 먼저 우리를 놀라게 하는 사실은 하나의 단어가 추상적 개념과 구체적 사물을 동시에 가리키는 경우가 많다는 점이다. 유럽의 언어에서 재화나 직선을 의미하는 단어는 윤리적인 선이나 권리나 정의를 의미하기도 한다.

[그리스어] 타 아가타(ta agatha): 재화, 재산, 토 아가톰(to agathom): 선.
[라틴어] 보나(bona): 재화, 보눔(bonum): 선.
[프랑스어] 레 비앵(les biens): 재화, 르 비앵(le bien): 선.

그리스어 '오르토스(orthos)', 라틴어 '렉툼(rectum)', 스페인어 '데레초(derecho)', 프랑스어 '드루아(droit)' 등은 '직선'을 뜻함과 동시에 '권리'나 '정의'를 의미하기도 한다.

그 밖의 다른 예도 그리스어에서 발견할 수 있다.

칼론(kalon): 화살, 투창, 아름다움, 미덕.
프렌(phren): 심장, 내장, 이성, 의지.
카코스(kakos): 평민 남성, 저급한, 사악한, 추한.
카콘(kakon): 악덕, 범죄.

‘카코스’라는 단어에서 다음과 같이 저열함이나 사악함과 관련된 단어 여러 개가 파생됐다.

카케(kakke): 배설물.
카키아(kakkia): 악덕, 저급함.
카코테오스(kakotheos): 불경스러운.
카코포니아(kakophonia): 귀에 거슬리는 소리.

이러한 사실은 그동안 별로 지적되지 않은 것이지만 주목할 만한 가치가 있다. 그것은 일상적인 현상처럼 우리의 눈을 가득 채우고 있기 때문에 보이지 않을 뿐이다. 그러나 통속적인 언어나 철학적이고 법적인 언어가 하나의 단어를 통해 물질적인 것과 개념적인 것을 결합시키고, 구체적인 것과 추상적인 것을 결합시키는 방식은 탐구해볼 만하다. 여기서 두 가지 의문이 생긴다. 첫째, 추상적인 것과 개념적인 것이 구체적인 것과 물질적인 것으로 변환됐는가, 아니면 구체적이고 물질적인 것이 추상적이고 개념적인 것으로 변환됐는가? 둘째, 이러한 변환과정은 어떠한 방식으로 이루어졌는가?

단어의 의미가 변천해온 과정을 살펴보면 첫 번째 질문에 대한 답을 얻을 수 있다. 그 과정은 구체적 의미가 언제나 추상적인 의미보다 먼저 생긴다는 점을 보여준다.

:: 그리스어 ‘아이사(aissa)’는 본래 ‘나누어진 몫’을 가리키는

말이었지만 나중에 '운명'이라는 의미를 갖게 됐다.

　:: '모이라(moira)'는 '연회에 참석한 손님 한 사람 몫의 음식' 또는 '전사가 자기 몫으로 받는 전리품'에서 '인간의 운명'으로 의미가 바뀌었다가 '신과 인간이 모두 복종하는 운명의 여신'으로 다시 의미가 바뀌었다.

　:: '노모스(nomos)'는 '목초지'라는 의미로 사용되다가 나중에 '법률'을 뜻하게 됐다.

　구체적 의미와 추상적 의미가 연결되는 고리가 항상 분명하지는 않다. 따라서 인간의 정신이 어떻게 해서 '목초지'를 '법률'이라는 추상적 개념에, '직선'을 '정의'라는 추상적 개념에, '연회에 참석한 손님 한 사람 몫의 음식'을 '불변의 운명'이라는 추상적 개념에 각각 연결시키게 됐는지를 얼른 파악하기 어렵다. 이 주제에 대해서는 '개념, 정의, 선의 기원'에 관한 글에서 상세하게 밝힐 예정이다. 이 글에서는 단지 그러한 방식으로 연결이 이루어졌다는 사실을 지적해두는 것만으로도 충분할 것이다.

　인간의 정신은 상이한 대상에 동일한 방법으로 접근하는 경향이 있다. 예컨대 인간의 정신이 소리를 자음과 모음으로 나누어 변환시킨 과정은 구체적인 것이 추상적인 것으로 상승하는 경로와 같다. 말린크로트 주교는 문자의 기원이 무척 신비하다고 생각했다. 그래서 그는 《활판인쇄술》이라는 저서에서 하느님이 문자를 창조했다고 주장하면서 한숨을 돌렸다. 본능과 추상적 개념의 창조자에게 또 하나의 역할을 추가한 셈이었다. 그러나 언어학자들의 연구를 통해 문자를 둘러싼 신비가 한 꺼풀씩 벗겨졌다. 학자들에 따르면 문자는 하늘에서 완성품으로 뚝 떨어진 것이 아니다. 인간이 소리를 자음과 모음으로 표시하게 된 것은 점진적으로 이루어진 결과다. 이제부터는 문자의 초기 발전단계에 대해 상세히 말해보려고 한다.

문자의 역사는 그림문자에서 출발했다. 인간은 어떤 사물을 그 모양의 그림으로 표현했다. 개를 표현하고자 개의 모양을 그리는 식이었다. 그러다가 상징적인 문자가 발전해 부분이 전체를 의미하게 됐다. 동물의 머리가 그 동물의 전체를 가리키는 식이었다. 그 뒤로 은유적인 문자가 발전하게 됐고, 이에 따라 인간은 표현하려는 개념과 유사하다고 생각되는 사물을 묘사하기 시작했다. 사자의 몸 앞부분은 '우월함'을, 고대의 길이 측정단위인 쿠비트(cubit, 1쿠비트는 팔꿈치에서 가운뎃손가락 끝까지의 길이—옮긴이)는 '정의'와 '진리'를, 독수리는 '모성'을 각각 가리키는 식이었다. 문자의 발음을 표시하는 방법도 그림문자에서 시작됐다. 어떤 발음을 가리키기 위해 그 발음과 동일한 소리를 내는 사물의 그림을 그려 표현했다. 돼지의 꼬리를 '뎁'이라고 불렀던 이집트인은 돼지의 꼬부라진 꼬리를 그림으로 그려서 '뎁'이라는 소리를 표시했다. 결국에는 그런 그림들이 보존되거나 변형되는 과정에서 여러 개의 음절이 아닌 최초의 음절만을 가지고 소리를 가리키는 식으로 표현방법이 바뀌었다.[41]

....

41 르노르망(F. Lenormand), 《고대세계의 국가들에 페니키아의 알파벳이 전파된 과정에 대해》.

문자는 필연적으로 은유적인 단계를 거쳐야 했다. 왜냐하면 원시인은 은유로 생각하고 말했기 때문이다. 북아메리카 인디언은 용감한 전사를 가리킬 때 '그 사람은 곰과 같다'고 하고, 눈매가 날카로운 사람을 가리킬 때는 '독수리와 같다'고 한다. 아울러 용서한다는 뜻으로 '땅에 묻는다'고 말한다. 이러한 은유에는 우리가 해석하기 어려운 부분도 있다. 그래서 이집트 사람들이 그들의 상형문자에서 왜 쿠비트로 정의와 진리를 가리켰는지, 그리고 왜 독수리로 모성을 가리켰는지를 파악하기가 어렵다. 우선 독수리의 은유에 관한 문제를 풀어본 뒤에 쿠비트에 대해 살펴보고자 한다.

이집트에서는 가모장제가 상당히 오랫동안 유지됐다. 이러한 사실은 남녀가 서로 반목하면서 한 쪽 성은 가정에서 누리는 높은 지위를 지키려고, 다른 쪽 성은 그 지위를 빼앗으려고 서로 싸우는 내용의 신화를 통해 엿볼 수 있다. 그런 신화에서 이집트의 남성은 아이스킬로스의 《에우메니데스》에서 아폴론이 주장하듯 생식에서 중요한 역할을 수행하는 쪽은 남성이고 여성은 "식물의 암술처럼 남성의 씨앗을 받아서 키우기만 한다"고 주장한다. 이에 대해 이집트의 여성은 남성이 없어도 여성은 임신할 수 있다고 자랑한다. 이집트의 사이스 시에는 '하늘의 여왕'인 네이트 여신의 상이 있다. 거기에는 다음과 같은 오만한 내용의 글이 새겨져 있다. "나는 과거에 존재했던 것, 지금 존재하는 것, 미래에 존재할 것 전부다. 아무도 내가 걸친 옷을 벗긴 적이 없다. 내가 잉태한 열매는 태양이다." 네이트 여신의 이름을 새긴 상징물에는 독수리의 형상과 '어머니(mou)'라는 단어의 첫 글자가 들어

있다.[42]

상형문자에 대한 호라폴론(4세기 말경 이집트에서 활동한 그리스의 시인, 학자—옮긴이)의 설명을 보면 이집트인들은 독수리는 수컷이 없고 암컷만 있으며 바람으로부터 수태한다고 믿었다고 한다. 그렇기 때문에 다른 지역에서는 사나운 동물로 여겨지는 독수리에게 지극한 모성애를 부여한 것이다. 이집트인들은 독수리 어미가 새끼를 먹여 살리기 위해 자기 가슴을 찢어낸다고 생각했을 정도다. 그들이 생각한 독수리의 번식방법이 이렇듯 특이했기에 이집트인들은 독수리를 어머니 여신인 네이트의 새로 여겼다. 네이트 여신도 남성의 도움 없이 혼자 힘으로 자손을 퍼뜨리기 때문이었다. 그리하여 독수리는 어머니를 가리키게 됐고, 이후 모성의 상징으로 자리 잡았다.

이 독특한 사례는 인간의 정신이 구체적 사물의 이미지를 통해 추상석 개념을 표시하게 된 과정을 보여준다.

은유적이고 상징적인 문자를 통해 물리적 대상의 이미지가 추상적 개념의 상징이 된다는 것은 결국 어떤 대상이나 그것의 특징을 가리키기 위해 만들어진 단어가 추상적인 개념을 표시하게 된다는 뜻이다.

* *

어린아이와 미개인(비코의 표현으로는 '인류의 아이')의 마음속에는

---

42 샹폴리옹(Champollion J-F.), 《이집트의 판테온》, 1825.

특정한 구체적 사물의 이미지만 존재한다. 아이가 '인형'이라고 말할 때 그것은 모든 종류의 인형을 다 가리키는 것이 아니라 자기가 직접 보았거나 손에 쥐어보았던 특정한 구체적 인형만을 가리킨다. 다른 인형을 아이에게 주면 싫어할 것이다. 그러므로 모든 단어가 아이에게는 고유명사이며, 자기가 접촉한 대상의 상징인 것이다. 미개인의 언어와 마찬가지로 아이의 언어에는 본질적으로 동일한 종류의 사물을 다 포괄해 가리키는 용어가 없다. 단지 일련의 고유명사들만 존재할 따름이다. 따라서 미개인의 언어에는 '인간'이나 '육체'와 같은 일반적 개념 또는 '시간'이나 '원인'과 같은 추상적 개념을 가리키는 용어가 없다. 영어의 'be'에 해당하는 말이 없는 부족도 있다. 태즈메이니아 원주민에게는 갖가지 나무를 종류별로 부르는 말이 있지만, 정작 '나무' 일반을 가리키는 단어는 없다. 마찬가지로 말레이 원주민은 각각의 색깔을 가리키는 단어를 사용하지만, '색깔'을 가리키는 단어는 갖고 있지 않다. 아비폰 족의 언어에는 '인간', '육체' 등의 단어와 'be'에 해당하는 동사가 없다. 예컨대 그들은 '나는 아비폰 족이다(I am Abipponne)'라고 말하지 않고 '나 아비폰 족(Me Abippone)'이라고 말한다.[43]

그러나 어린아이와 미개인은 자기가 직접 알게 된 사람과 사물의 이름과 개념에 그치지 않고 거기서 출발해 실질적, 허구적으로 유사한 일체의 사람과 사물로 점차 나아간다. 유추와 비교를 통해 일반적, 추상적 개념을 만들어냄으로써 어느 정도 확장된 범위의 사물들을 아우르게 되는 것이다. 또한 어떤 대상을 가리키는 고유명사가 추상적인 개념을 상징하는 용어로 자리 잡게 되어 그 고유명사가 원래 만들어질 때 지칭하던 대상과 유사성이 있는 대상들의 무리를 의미하게 되기도 한다. 플라톤은 이렇게 얻어진 일반적인 개념, 즉 개별적인 차이를 고려하지 않고 사물을 분류하는 개념이 바로 "신적인 기원의 본질"이라고 주장했다. 소크라테스는《국가론》10권에서 예컨대 침대의 이데아는 "신적인 창조의 본질"이라고 했다. 왜냐하면 침대의 이데아는 변하지 않지만 기술자가 만드는 침대는 제각각이기 때문이라는 것이다.

인간의 정신은 경미한 유사점을 제외하고는 전혀 달라 보이는 대상들도 하나로 모으는 경향이 있다. 그리하여 인간과 관련된 단어로 사물을 표현하는 의인화 기법이 생겨났다. 이러한 사실은 인류의 초창기부터 지금의 문명까지 이어져 내려온 은유적 언어가 입증해준다. 그 예로 '지구의 내장(땅속─옮긴이)', '광산의 혈관(광맥─옮긴이)', '참나무의 심장(어려운 일을 견뎌낸 용감한 사람─옮긴이)', '톱의 이빨(톱날─옮긴이)', '산의 목구멍(골짜기─옮긴이)', '바다의 팔(만

<hr>

43 인간의 두뇌에 시간이라는 개념이 자리 잡기까지는 오랜 세월이 걸렸다. 비코에 따르면 피렌체의 농민은 '몇 년'을 가리키는 말로 '몇 번의 추수'라는 표현을 사용했다. 고대 로마인은 '옥수수 열매'를 몇 번이나 땄느냐는 표현을 사용했고, 이것은 '추수'에 비해 더 구체적인 표현이라고 볼 수 있다. 이러한 표현은 농민의 빈곤을 보여주는 것이라고 비코는 지적했다(아울러 그것은 언어와 사고의 빈곤을 보여주는 것이기도 하다고 덧붙여도 좋을 뻔했다). 그러나 문법학자들은 이러한 표현을 일종의 예술적 시도로 간주한다. 지구가 태양을 중심으로 공전을 한다는 개념을 갖기 전에 사람들은 계절과 달의 공전이라는 개념을 갖고 있었다. 플리니우스에 따르면 여름이 오면 한 해가 지난 것으로, 그리고 겨울이 와도 다시 한 해가 지난 것으로 사람들이 생각한 적이 있다. 아르카디아인은 3달을 1년으로 보고 계절의 수로 햇수를 계산했고, 이집트인은 1달을 1년으로 보았다. 그래서 어떤 사람이 천 년이나 살았다는 기록이 존재하는 것이다.

(灣)―옮긴이)' 등을 들 수 있다. 인간의 뇌에 '척도'라는 추상적 개념이 형성되면서 인간은 손, 발, 엄지손가락, 팔 등을 척도의 단위로 삼았다. 그리스어 '오르기아(orgyia)'는 양팔을 벌린 길이를 나타내는 단어다. 척도를 가리키는 용어는 모두 은유다. 어떤 사물의 길이가 '3피트 2인치'라는 것은 발 세 개와 엄지손가락 두 개를 이어놓은 길이를 뜻한다. 그러나 문명이 발달하면서 다른 종류의 척도가 필요해졌다. 그리하여 그리스인은 올림픽 경기의 도보경주 거리를 가리키는 '스타디온(stadion)'이라는 용어를 사용하게 됐다. 그런가 하면 라틴어 '유게룸(jugerum)'은 '유굼(jugum: 멍에를 메운 한 쌍의 소)'으로 하루에 일굴 수 있는 땅의 면적을 가리킨다.

막스 뮐러(19세기 독일의 언어학자, 동양학자―옮긴이)가 말한 바와 같이 추상적인 단어는 형용사에서 명사로 전환된 경우가 많다. 은유를 통해 사물의 특성이 어떤 인물, 어떤 형이상학적 실재, 어떤 가상의 존재 등으로 변형됐다는 이야기다. 은유는 추상적인 개념이 인간의 뇌에 자리 잡는 주된 방식 가운데 하나다. '동굴의 입'이나 '땅의 혀'와 같은 은유가 성립하는 것은 입은 '열린 곳'을, 혀는 '길게 늘어진 형태'를 가리켜주기 때문이다. 또한 필요할 경우에는 비교를 통해서도 신조어가 만들어졌다. 이때에는 사물의 가장 두드러진 특성, 따라서 감각에 가장 생생한 인상을 주는 요소가 활용된다.

미개인의 언어 가운데 상당수에는 '단단하다', '둥글다', '따뜻하다' 등의 추상적 개념에 해당하는 단어가 없다. 이들 개념에 상응하는 가상적 존재나 형이상학적 실체를 아직 만들어내지 못했기 때문이다. 따라서 단단한 것은 '돌과 같다', 둥근 것은 '달과 같다', 뜨거운 것은 '태양과 같다'라는 식으로 표현한다. 왜냐하면 미개인의 머릿속에서는 단단함, 둥긂, 따뜻함이라는 특성이 각각 돌, 달, 태양과 불가분이기 때문이다. 뇌가 오랫동안 작용한 뒤에야 구체적인 사물에서 추상적인 특성이 분리되어 가상적인 존재로 변형된다. 그러면 추상적인 특성을 가리키던 단어가 명사로 변형되면서 추상적인 개념이 뇌에 형성된다.

'수'라는 최고의 추상적 개념을 갖고 있지 않은 미개인 부족은 없다. 그러나 어떤 부족은 스물 이상의 수를 세지 못한다. 필자가 관찰한 바로는 동물도 둘까지는 셀 수 있다. 비둘기는 극히 예외적인 경우를 제외하고는 알이 두 개 놓여 있을 때에만 알을 품는다. 만약 두 개의 알을 낳은 암비둘기에게서 알 하나를 치워버리면 그 암비둘기는 세 번째 알을 낳는다. 알을 치워버릴 때마다 새로운 알을 낳는다. 말하자면 암비둘기가 둥지에서 알을 품으려면 두 개의 알이 필요하다는 얘기다. 먹이를 지나치게 많이 먹은 집비둘기는 알을 세 개 낳는 경우도 종종 있는데, 그러면 알 하나를 둥지 밖으로 밀어내 버리거나 알 하나를 품지 않고 방치한다.

비코의 견해와는 반대로 수라는 추상적 개념은 인간과 동물의 뇌에서 최초는 아닐지 몰라도 적어도 초기에 형성된 개념 가운데 하나인 듯하다. 모든 사물이 다 단단하거나 둥글거나 뜨겁거나 하는 특성을 똑같이 갖고 있지는 않지만, 모든 사물에 공통적인 특성이 하나 존재한다. 그것은 그 형태와 상대적 위치에 의해 서로 구분이 된다는 점이다. 바로 이러한 구분이 산수의 출발점이다.[44] 인간의 뇌가 그 기능을 제대로 수행하기 위해서는 수의 개념을 갖고 있어야 하고, 이는 곧 사물을 서로 구분하는 능력을 갖고 있어야 한다는 말과 같다. 이러한 사실은 피타고라스학파에 속하는 필로라오스에 의해 인식됐다. 지구의 움직임은 원을 그린다는 점을 처음으로 인정한 사람이라고 디오게네스가 전한 필로라오스는 만물에는 수가 존재하며 수가 없으면 아무것도 알 수 없고 아무것도 생각할 수 없다고 주장했다.

그러나 둘을 넘는 수를 세는 것은 인간의 뇌가 감당하기에 무척 힘든 일이었다. 이는 첫 열 개의 숫자에 신비로운 특성이 부여됐던 사실로 입증된다.[45] 아울러 다음과 같이 특정한 수에 대한 신화적, 전설적인 기억이 남아있기도 하다.

10: 트로이와 베이이가 각각 포위공격을 받은 기간은 10년이

....

44 플라톤의 《티마이오스》에 등장하는 천문학자는 자신이 신의 창조물임을 잠시 망각하고 수와 시간의 물질적 기원에 대해 이렇게 말한다. "밤과 낮을 관찰하고 달이 가고 해가 가는 것을 지켜보면서 우리는 수와 시간을 알게 됐고 자연과 세계에 대한 지식을 갈구하게 됐다."

45 피타고라스학파와 신비주의자들은 '10'을 성스러운 수로 여겼다. 스칸디나비아인은 특히 '3'과 그 제곱수인 '9'를 신이 좋아하는 수로 여겼다. 그들은 9개월마다 한 번씩 9일 동안 피의 제사를 올렸다. 그 기간에는 9명의 인간 또는 9마리의 짐승을 제물로 바쳤다. 9일 동안 계속되는 가톨릭의 기도의식인 뇌벤(Neuvaine, '노베나(Novena)'라고도 함—옮긴이)은 이런 스칸디나비아인의 제사에 대한 기억을 보존하고 있다. 아울러 가톨릭의 삼위일체론은 모든 미개민족이 '3'이라는 수에 부여했던 신비한 특성을 보존하고 있다. 모든 원시종교에서 이런 측면을 발견할 수 있다. 예컨대 그리스와 스칸디나비아에서는 파르카에(로마신화에 나오는 운명의 세 여신—옮긴이)를 숭배했고, 이로쿼이 족(북아메리카 인디언—옮긴이)은 생명의 세 여신을 숭배했다.

다.

　12: 올림포스에는 12신이 있고, 헤라클레스는 12가지 노역을 완수해야 했으며, 기독교에는 12사도가 있다.

　50: 프리아모스 왕(그리스신화에 나오는 트로이 최후의 왕—옮긴이)의 아들은 50명이다. 다나오스(그리스신화에 나오는 이집트 왕—옮긴이)의 딸도 50명, 파우사니아스(고대 그리스의 여행가, 지리학자—옮긴이)에 따르면 셀레네(그리스신화에 나오는 달의 여신—옮긴이)가 양치기 소년 엔디미온과 동침해 낳은 딸도 50명이다. 또한 디아나(아르테미스—옮긴이)의 분노를 산 탓에 사슴으로 변신하게 된 악타이온을 쫓은 사냥개는 50쌍, 미네르바(아테나—옮긴이)의 명령으로 다나오스가 만든 배에 딸린 노는 50개, 트로이 원정 때 헤라클레스가 탄 배에 달린 노도 50개다.

　이런 수들은 인간의 정신이 점점 더 큰 수로 나아가다가 발걸음을 멈추고 주춤거린 단계들과 상응하며, 기억의 보존을 위해 각각의 단계에 위와 같은 전설이 부여된 것이다.

　미개인은 자기가 셀 수 있는 범위를 넘어서는 수에 대해서는 그저 '많다'라고 표현한다. 비코에 따르면 로마인의 경우 처음에는 '육십' 이상이, 나중에는 '백' 이상 또는 '천' 이상의 수가 셀 수 없는 수였다. 마다가스카르의 호바 족은 '천'을 '저녁', '만'을 '밤'이라고 부른다. 아울러 '백만'을 가리키는 그들의 단어인 '타피트리사'는 문자 그대로 옮기면 '셈의 끝'이라는 뜻이다. 이런 점은 우리 문명인도 마찬가지다. 1870~1871년의 전쟁 이후에는 우리가 대중적으로 셀 수 있는 수의 한계가 10억이다.

인간이 길이를 재는 데 손과 발과 팔을 사용했다는 점을 우리는 언어를 통해 알 수 있다. 인간은 지금도 수를 세기 위해 손가락과 발가락을 사용한다. 난센(F. Nansen, 노르웨이의 북극 탐험가―옮긴이)은 자기가 1년 이상 함께 지낸 에스키모 족에게는 '5'를 넘는 수를 가리키는 말이 없다고 전했다. 그들은 오른손 손가락으로 수를 세다가 다섯 손가락을 모두 다 사용하게 되면 일단 멈춘다. 이어 '6'을 가리키려면 왼손을 들고 '다른 쪽 손의 첫 번째 손가락'이라고 말한다. 따라서 '7'은 '다른 쪽 손의 두 번째 손가락'이 된다. 이러한 방식으로 '10'까지 이어진다. 그 다음부터는 발가락을 사용해 손가락과 같은 방식으로 '20'까지 수를 세다가 또 다시 일단 멈춘다. 그러나 위대한 수학자인 그들이 거기서 셈하기를 끝내는 것은 아니다. 그들은 '21'을 가리키기 위해 '옆 사람의 첫 번째 손가락'이라고 말하면서 그 사람의 손가락과 발가락을 이용한다. 따라서 '20'은 한 사람이 되고 '100'은 다섯 사람이 된다. 아라비아숫자가 도입되기 전에 사용됐던 로마숫자에는 이러한 원시적인 계산방식에 대한 기억이 남아 있다. 'I'은 손가락 하나, 'II'는 손가락 두 개의 모양이고, 'V'는 엄지손가락과 새끼손가락만 똑바로 펴고 그 사이에 있는 나머지 손가락 세 개는 접은 모양이다. 'X'은 두 개의 'V'를 합친 모양, 또는 두 손을 교차한 모양이다. 그리고 '백'이나 '천'을 넘는 수를 세려면 인간 이외의 다른 사물을 동원하는 것이 필요했다.

로마인은 조약돌을 가리키는 단어인 '칼쿨리(calculi)'를 사용했다. 여기서 오늘날의 '미적분(calculus)'이라는 단어가 파생했로. 라틴어 표현인 '칼쿨룸 포네레(calculum ponere, 조약돌을 놓다)'와 '숩두케레 칼쿨룸(subducere calculum, 조약돌을 치우다)'은 로마인이 조약돌을 더 놓거나 치우는 방식으로 덧셈과 뺄셈을 했음을 알게 해준다. 필자는 기즈(프랑스 북부에 있는 마을—옮긴이) 지역의 파밀리스테르(19세기에 프랑스의 공장경영자이자 사회개혁가인 장-밥티스트 고댕이 푸리에가 제시한 이상사회인 팔랑스테르를 모델로 삼아 기즈에 수립해 운영했던 공장공동체—옮긴이)에서 대여섯 살 짜리 아이들에게 이와 비슷한 방식으로 덧셈과 뺄셈을 가르치는 것을 본 적이 있다. 조약돌은 분명히 이러한 용도에 걸맞은 사물이다. 과거에는 전리품이나 토지를 분배하는 과정에서도 조약돌이 사용됐다.

미개인은 머릿속으로 수를 셀 수 없다. 세고자 하는 사물이 눈앞에 있어야 한다. 따라서 물건을 교환할 때는 바닥에 교환대상을 늘어놓는다. 미개인은 이렇듯 유형의 은유라고 할 수 있는 원시적인 등식을 사용해야 안심이 된다. 어린아이의 머릿속에서와 마찬가지로 미개인의 머릿속에서도 수는 구체적인 사물을 가리키는 개념이다. 그들이 '둘', '셋', '다섯'이라고 말할 때는 두 개, 세 개, 다섯 개의 조약돌이나 손가락을 보고 있는 것이다. 미개인의 언어에서는 '다섯'까지의 숫자가 손가락과 관련이 있는 단어인 경우가 많다. 문명인의 머릿속에서 숫자가 구체적 사물과 분리되어 관습적인 기호의 형태로 남게 된 것은 일종의 지적인 증류과정을 거치고 나서야 가능했다. 아무리 이상적인 형이상학자라도 단어 없이는 생각할 수 없고 기호 없이는, 다시 말해 구체적인 사물 없이는 수를 셀 수 없다. 그리스의 철학자들은 수의 특성을 탐구하기 시작할 때 수에 기하학적 형태를 부여했다. 그들은 수를 선형적인 수(mekos), 평면적인 수(epipedon, 평방), 3차원적인 수(trike auxe, 입방)[46]의 세 가지로 분류했다. 오늘날의 수학자들은 여전히 근수(根數)를 '선형 수(linear number)'라고 표현한다.

미개인은 길거나 단단하거나 둥글거나 뜨거운 대상을 가리켜 '발과 같다'거나 '돌과 같다'거나 '달과 같다'거나 '해와 같다'는 식으로 말한다. 그러나 사람의 발은 저마다 길이가 다르고, 돌은 그 단단한 정도가 제각각이며, 달은 항상 둥글지만은 않고, 해는 겨울보다 여름에 더 뜨겁다. 따라서 더욱 높은 정확성이 필요해졌고, 사람들은 그때까지 사용하던 비교의 용어만으로는 부족하다는 사실을 깨달

....

46 그리스인은 고대 카드모스 문자 27자가 보존된 알파벳으로 수를 표시했다. 첫 번째 아홉 문자는 단단위, 두 번째 아홉 문자는 십단위, 그리고 세 번째 아홉 문자는 백단위를 가리켰다.
'0'이 없었던 그리스와 로마의 숫자로는 수를 계산하기가 매우 힘들고 어려웠을 것이다. 열반의 세계를 탐구하는 형이상학자들만이 '0'이라는 놀라운 수를 발견할 수 있는 사람들이었다. 숫자 '0'은 '없음'을 상징하고, 스스로는 아무런 값도 갖고 있지 않으면서 값을 부여하는 역할을 한다. 파스칼은 "나누어질 수 없는 것이 진정한 '0'이므로 '0'은 진정으로 나누어질 수 없는 수"라고 말했다. 숫자 '0'은 현대의 수학에서 막중한 역할을 담당한다. '0'을 나타내는 아랍어 '시프르(sifr)'는 처음에는 '0'만을 가리키는 말로 사용됐지만 나중에는 숫자를 나타내는 모든 기호를 다 가리키는 말이 됐다. 이 말을 포르투갈인은 '시프라(cifra)'로, 영국인은 '사이퍼(cipher)'로, 프랑스인은 '시프르(Chiffre)'로 각각 옮겼다.

았다. 그리하여 길이, 단단함, 둥글기, 뜨거움의 정도가 각각 다양하다는 생각에 이르렀다. 추상적인 역학 분야에서 수학자들은 두께는 전혀 없으면서 절대적으로 단단한 지렛대와 더 이상 축소될 수 없는 쐐기를 가정하고 이론적인 연구를 했다. 현실세계에 존재하는 지렛대와 쐐기로는 연구를 하기에 불충분했기 때문이다. 수학자들의 지렛대와 쐐기는 길이, 단단함, 둥글기, 뜨거움의 다양한 정도와 마찬가지로 실제의 사물에서 파생된 것이지만 지적 증류과정을 거치면서 실물과는 더 이상 상응하지 않게 되는 대신에 머릿속에서 형성된 개념과 상응하게 됐다. 현실에 존재하는 사물은 저마다 다르고 항상 동일한 가상의 전형과도 다르다는 이유로 플라톤은 현실의 사물을 덧없고 기만적인 형상으로, 이상적인 전형을 신성한 창조의 본질로 여겼다. 다른 수많은 개념의 경우와 마찬가지로 이 경우에도 창조주인 신은 곧 사고하는 인간이다.

예술가들은 유추의 과정을 거쳐 키메라라는 괴물을 만들어냈다. 갖가지 동물의 부위로 구성된 키메라의 몸은 어떠한 실제의 존재와도 상응하지 않는 상상의 산물이다. 키메라는 추상적 개념이다. 그것은 미, 선, 정의, 시간, 원인 등의 개념만큼이나 추상적이다. 그러나 플라톤은 키메라를 신성한 창조의 본질에 속하는 것으로 분류하지 않았다.

인간은 원시시대에 여러 계급으로 나누어지기 시작할 즈음에 스스로를 동물의 왕국에서 분리시켜 초자연적인 존재로 격상시켰다. 그리하여 인간의 운명은 신이나 천체와 부단히 연결되는 것이 됐다.

이후 인간은 뇌를 다른 기관과 구분하여 영혼의 보금자리로 삼았다. 그러나 자연과학은 제왕 노릇을 하는 인간을 동물의 무리와 다시 연결시켰다. 사회주의 철학은 인간의 뇌를 여타의 기관과 동등한 지위로 복귀시킬 것이다. 위가 음식물을 소화하는 특성을 갖고 있듯이 뇌는 생각을 하는 특성을 갖고 있다. 인간의 뇌는 개념의 도움 없이는 생각을 하지 못하며, 인간이 진화하는 데 배경이 되는 자연환경과 사회적, 인공적 환경이 공급해주는 재료를 가지고 그러한 개념을 만들어낸다.

마르크스에 대한 회상

1

나는 1865년 2월에 카를 마르크스를 처음 만났다. 1864년 9월 28일에 런던의 세인트 마틴스 홀에서 제1인터내셔널이 창립됐을 때 나는 파리에서 런던으로 갔다. 파리에서 결성된 새로운 조직에 관한 소식을 마르크스에게 전하기 위해서였다. 현재 부르주아 공화국의 상원의원인 톨랭(Tolain)이 그때 내 소개장을 써 주었다.

당시 나는 24살이었다. 첫 번째 방문에서 나는 일생 동안 잊히지 않을 인상을 받았다. 마르크스는 몸이 불편한 상태였지만 《자본론》 1권을 집필하고 있었다(이 1권은 그로부터 2년 뒤인 1867년에 출판됐다). 그는 책을 완성하지 못할까봐 근심하고 있었기에 청년들의 방문을 반가워했다. 마르크스는 "내 뒤를 이어 공산주의 선전활동을 계속하도록 내가 젊은이들을 훈련시켜야 한다"고 말하곤 했다.

카를 마르크스는 당시에 공적인 삶과 학문세계 모두에서 지도자 역할을 할 수 있는 몇 안 되는 사람들 가운데 한 사람이었다. 이 두 측면은 마르크스의 내부에서 대단히 긴밀하게 연결돼 있었기 때문에 그를 이해하려면 학자로서의 그의 면모와 사회주의 투사로서의 그의 면모를 함께 고려해야 한다.

학문은 연구결과와는 무관하게 그 자체로서 추구해야 하는 것이지만 학자가 공적인 삶에 적극적으로 참여하지 않거나 치즈 속의 구더기처럼 서재나 연구실에 틀어박힌 채 동시대인들의 삶과 정치투쟁에 무관심한 태도를 취하는 것은 자신의 품위를 손상시키는 짓이라는 것이 마르크스의 지론이었다.

그는 "학문은 이기적인 쾌락이 되어서는 안 된다"고 말하곤 했다. "운이 좋아서 학문적 추구에 전념하게 된 사람은 인류를 위해 자신의 지식을 사용해야 한다." 마르크스가 즐겨 하던 말 가운데 이런 것도 있다. "인류를 위해 공부하라."

마르크스는 노동계급의 고통을 깊이 공감했지만, 이는 그들에 대한 감상적인 배려에서가 아니었다. 역사와 정치경제를 연구함으로써 공산주의적 견해에 이르게 된 것이었다. 사적인 이익의 영향을 받거나 계급적 편견에 눈먼 사람이 아니라면 누구나 같은 결론에 도달할 것이라고 그는 주장했다.

마르크스는 모든 선입견을 배제한 상태에서 인간사회의 경제적, 정치적 발전양상을 연구하고자 했고, 자신의 연구결과를 전파하려는 의도에서만 글을 썼다. 아울러 유토피아주의라는 구름으로 가려진 사회주의 운동이 과학적 토대를 갖추게 하겠다는 확고한 의지를 갖고 글을 썼다. 사회에 대한 정치적, 경제적 리더십을 확보하는 즉시 공산주의 사회를 수립해야 할 역사적 사명을 가진 노동계급의 승리를 촉진하기 위해서만 자신의 견해를 공개적으로 밝혔다.

마르크스는 활동범위를 모국으로만 한정짓지 않았다. 그는 "나는 세계의 한 시민"이며 "어디에서든 활동한다"고 말하곤 했다. 그리고 실제로 갖가지 사건과 정치적 탄압으로 말미암아 프랑스, 벨기에, 영국 등지로 이동하면서 이들 각국에서 전개된 혁명운동에서 두드러진 역할을 담당했다.

그러나 메이틀런드 파크 로드에 위치한 마르크스의 서재에서 그를 처음 보았을 때 그는 지칠 줄 모르는 일류 사회주의 선동가라기보다는 학자로서의 인상이 강했다. 마르크스의 서재는 사회주의 사상의 거장인 그의 견해를 듣기 위해 전 세계의 문명국에서 당 동지들이 찾아오는 곳이었다. 마르크스의 정신적 삶을 그 깊은 부분까지 이해하려면 이 역사적인 방에 대해 알아야 한다.

마르크스의 서재는 1층에 있었다. 공원이 내다보이는 넓은 창문을 통해 햇빛이 방안을 가득 비추었다. 창문 맞은편과 벽난로 양옆의 벽에는 책이 빼곡하게 꽂힌 책장이 줄지어 서 있었고, 신문과 원고뭉치가 천장에 닿을 정도로 쌓여 있었다. 벽난로 맞은편 창가에 놓인 두 개의 책상에는 갖가지 문서와 책과 신문이 쌓여 있었다. 방 한가운데 볕이 잘 드는 곳에는 작고 수수한 책상(가로 90센티미터, 세로 60센티미터 정도)과 목제 팔걸이의자가 놓여 있었다. 팔걸이의자와 창문 맞은편 책장 사이에는 마르크스가 때때로 휴식을 취하기 위해 드러눕는 가죽소파가 있었다. 벽난로 위의 선반에는 책, 시가, 성냥, 담뱃갑, 문진과 더불어 딸과 아내와 빌헬름 볼프와 프레더릭 엥겔스의 사진이 놓여 있었다.

마르크스는 골초였다. 그는 언젠가 내게 이런 말을 했다. "《자본론》의 인세수입은 그것을 쓰면서 피운 담배의 값도 안 될 게야." 게다가 마르크스가 켜대는 성냥개비의 수가 담배의 수를 능가했다. 피우던 파이프나 시가가 꺼진 줄도 모르고 있다가 다시 재빨리 불을 붙이느라 엄청난 수의 성냥갑을 비워댔다.

그는 누구도 자신의 책이나 문서들을 정리하지 못하게 했다. 서재는 무질서하게 흐트러진 것처럼 보였지만 사실은 모든 것이 그의 의도대로 놓여 있어서 그는 필요한 것을 그때그때 쉽게 찾을 수 있었다. 대화 도중에도 잠시 멈추고 책을 펼쳐놓고 자신이 방금 말한 인용구나 수치를 짚어 보여주기도 했다. 마르크스와 그의 서재는 하나였다. 방 안의 책과 문서를 자신의 팔다리만큼이나 자유자재로 다루었던 것이다.

마르크스는 형식적인 질서를 고려해 책을 정리하는 사람이 아니었다. 크기가 아니라 내용에 따라 책이 분류됐기 때문에 크기가 다른 책과 소책자가 나란히 세워져 있기도 했다. 마르크스에게 책이란 사치품이 아니라 정신활동의 도구였다. 그는 "책은 내 노예이니 내 의지에 따라야 한다"고 말하곤 했다. 그는 책의 크기나 제본된 상태, 종이의 질이나 인쇄된 상태 등에는 전혀 신경을 쓰지 않았다. 그는 페이지의 한 귀퉁이를 접거나 가장자리에 연필로 표시하거나 어느 한 구절 전체에 밑줄을 긋곤 했다. 책에 무언가를 적는 일은 없었지만 저자가 지나치게 나아갔다고 생각하면 그 부분에 느낌표나 물음표 표시를 했다. 본문에 밑줄을 긋는 그 나름의 방식은 나중에 필요한 내용을 쉽게 찾아 볼 수 있게 하려는 것이었다. 그는 여러 해가 지난 뒤에 공책에 적어놓은 내용을 다시 훑어보거나 책에서 밑줄 친 부분을 찾아 다시 읽어보는 습관을 갖고 있었다. 기억을 생생하게 유지시키기 위해서였나. 어린 시절부디 미르크스는 체겔의 조언을 받아들여 외국어로 시를 암기하는 것을 통해 뛰어나고 믿을 만한 기억력을 길렀다.

마르크스는 하이네와 괴테의 작품을 외우다시피 했고, 대화를 하다가 인용하기도 했다. 그는 다양한 유럽어로 씌어진 시를 열심히 읽었다. 그는 아이스킬로스의 작품을 그리스어 원전으로 해마다 다시 읽었다. 그는 아이스킬로스와 셰익스피어를 인류가 낳은 최고의 극작가로 보았다. 특히 셰익스피어에 대한 그의 존경은 끝이 없었다. 그는 셰익스피어의 작품을 꼼꼼하게 연구했고, 가장 하찮은 역할이 맡겨진 등장인물에 대해서도 알고 있었다. 마르크스의 가족 전체가 이 위대한 영국 극작가를 열렬히 숭배했다. 마르크스의 세 딸은 셰익스피어의 작품 여러 편을 외우고 있었다. 1848년 이후에 마르크스는 이미 읽을 수 있는 영어를 더욱 완벽하게 익히기 위해 셰익스피어의 원전에서 온갖 영어 표현을 찾아내어 분류했다. 그는 자신이 높게 평가하는 윌리엄 코벳의 논쟁적인 작품 가운데 일부에 대해서도 같은 작업을 했다. 단테와 로버트 번스도 그가 좋아하는 시인이었다. 그가 스코틀랜드의 시인인 번스의 풍자시나 발라드를 낭송하거나 노래할 때면 딸들이 들으며 매우 즐거워했다.

지칠 줄 모르는 연구자이자 학계의 대가였던 퀴비에는 파리박물관 관장으로 재직하면서 박물관 안의 여러 방을 개인적인 용도로 활용했다. 각각의 방에는 특정한 연구와 관련된 서적과 실험용 장치와 해부용 도구 등이 비치돼있었다. 퀴비에는 진행하던 연구에 싫증을 느끼면 옆방으로 들어가 다른 연구에 착수했다. 이렇듯 정신적인 몰두의 대상을 바꾸는 것만으로도 퀴비에에게는 휴식이 됐다고 한다.

마르크스는 퀴비에만큼이나 지칠 줄 모르는 연구자였지만 공간을 나누어 여러 가지 연구를 동시에 진행하는 데 필요한 수단을 갖고 있지 못했다. 대신 그는 방 안에서 오락가락하며 휴식을 취했다. 그래서 방바닥에는 닳은 자국이 문에서 창 쪽으로 길게 났다. 그것은 마치 풀밭을 가로질러 난 길만큼이나 뚜렷했다.

그는 때때로 소파에 드러누워 소설을 읽곤 했다. 두세 권을 번갈아 읽으면서 한꺼번에 독파하기도 했다. 다윈과 마찬가지로 마르크스도 소설을 많이 읽었다. 그는 18세기의 작품을 좋아했는데, 특히 필딩의 《톰 존스》를 좋아했다. 그보다 후대의 소설가 중에서는 폴 드 콕, 찰스 레버, 알렉상드르 뒤마, 월터 스콧에게 가장 흥미를 느꼈다. 특히 월터 스콧의 《묘지기 노인》을 걸작으로 평가했다. 그는 모험소설과 유머

소설을 참으로 좋아했다.

　마르크스는 세르반테스와 발자크를 가장 뛰어난 소설가로 꼽았다. 《돈키호테》에서 그는 부상하는 부르주아지의 세계에서 영락의 길을 걷게 된 기사와 조롱당하는 기사도의 서사시를 보았다. 그는 경제학에 관한 책을 완성하는 대로 《인간희극》에 대한 서평을 쓰고 싶어 했을 정도로 발자크를 존경했다. 그는 발자크에 대해 당대의 역사가일 뿐만 아니라 루이 필립 시대에 형성되기 시작해 나폴레옹 3세 때에 이르러 완전히 발전하게 된 인간형들을 이미 작품 속에서 그려낸 예언자적 창작가라고 평가했다.

　마르크스는 유럽의 모든 언어를 읽을 수 있었고, 독일어와 프랑스어와 영어로 글을 쓸 줄 일었다. 언어 전문가들이 경탄할 만한 실력이었다. 그는 "삶이라는 전투에서 외국어는 무기"라고 종종 말했다.

　마르크스가 지닌 뛰어난 언어적 재능은 딸들에게 고스란히 이어졌다. 마르크스는 50세에 처음으로 러시아어를 공부하기 시작했다. 러시아어는 그가 알고 있었던 현대 또는 고대의 다른 언어들과 아무런 유사점도 없는 언어였다. 하지만 그는 러시아어 공부를 시작한 지 6개월 만에 러시아의 시인이나 산문작가의 작품을 즐길 수 있게 됐고, 특히 푸슈킨, 고골리, 시체드린을 좋아했다. 그가 러시아어를 배우기로 한 것은 러시아의 어떤 공문서를 읽기 위해서였다. 그것은 모종의 정치적인 폭로가 담겨 있어 러시아 정부가 쉬쉬하며 감추고 있었던 공문서였다. 그 공문서는 절친한 친구들이 입수해 마르크스에게 전해 주었다. 이로써 마르크스는 서유럽에서 그 공문서의 내용을 알고 있는 유일한 정치경제학자가 됐다.

마르크스에게는 시나 소설을 읽는 것 외에도 지적으로 휴식을 취하는 또 하나의 훌륭한 방법이 있었다. 그는 수학을 각별히 좋아했다. 그는 대수학에서 정신적인 위안까지 느꼈다. 그는 파란만장한 인생을 살면서 지극히 괴로운 순간마다 대수학을 피난처로 삼았다. 아내가 사망하기 전에 병을 앓고 있을 때 마르크스는 평소 전념하던 학문적 연구에 집중할 수 없었다. 아내의 고통이 그에게 가하는 중압감에서 벗어나는 유일한 길은 수학이었다. 이렇듯 정신적인 고통을 겪던 시기에 마르크스는 미적분에 관한 논문을 썼다. 전문가들로부터 학술적 가치가 크다는 평가를 받은 이 논문은 그의 작품집에 수록되어 출판될 예정이다. 마르크스는 고등수학에서 가장 논리적인 동시에 가장 단순한 형태의 변증법적 운동을 발견했다. 그는 수학을 이용하는 법을 알아야만 학문을 발전시킬 수 있다고 생각했다.

마르크스의 서재는 일생에 걸친 연구조사의 과정에서 세심하게 수집한 1천여 권의 책으로 가득했다. 그러나 그는 그것만으로는 충분하지 않았던 모양인지 자신이 높게 평가하는 장서목록을 가진 대영박물관을 여러 해 동안 정기적으로 방문했다.

마르크스의 적들도 그의 광범위하고 심오한 학식을 인정하지 않을 수 없었다. 그는 자신의 전문분야인 정치경제학뿐만 아니라 모든 나라의 역사와 철학과 문학에도 정통했다.

마르크스는 늦게 잠자리에 들었지만 항상 아침 8시에서 9시 사이에 일어나 블랙커피를 마시고 신문을 읽은 뒤 서재로 가서 새벽 두세 시까지 연구를 계속했다. 그의 연구가 중단되는 것은 식사를 할 때와 날씨가 좋은 날 저녁에 햄스테드 히스를 산책할 때뿐이었다. 이따금 그는 소파에서 한두 시간 낮잠을 자곤 했다. 젊었을 때는 종종 밤을 꼬박 새우면서 연구를 하곤 했다.

마르크스는 열정적으로 연구에 임했다. 지나치게 집중한 나머지 식사를 잊을 때도 있었다. 이름 부르는 소리를 여러 번 듣고서야 식당으로 건너와 식사를 하다가 마지막으로 입에 넣은 음식을 채 삼키기도 전에 일어나 서재로 돌아가곤 했다.

마르크스는 식사량이 매우 적은 편이었다. 가끔 입맛이 없어서 고생하는 날도 있었는데, 그런 날에는 햄, 훈제된 생선, 캐비어(철갑상어알 절임), 피클 등 양념이 많이 들어가 맛이 진한 음식을 먹으면서 입맛을 달랬다. 그는 두뇌활동이 왕성했기에 어쩔 수 없이 위가 좋지 않았다. 두뇌를 위해 그의 전신이 희생한 셈이었다. 그 정도로 사고는 그에게 가장 큰 즐길 거리였다. 나는 그가 젊었을 때 자신의 철학스승이었던 헤겔이 한 다음과 같은 말을 되뇌던 모습을 기억한다. "악인의 범죄적 생각일지라도 사람의 생각은 하늘의 경이보다 더 장엄하고 고귀하다."

그렇게 평범하지 않은 생활방식과 소모적인 정신노동을 견디려면 신체조건이 좋아야 했다. 실제로 마르크스는 체격이 좋았다. 키는 평균 이상이었고, 어깨는 떡 벌어졌고, 가슴은 두툼했고, 팔다리는 균형이 잘 잡혀 있었다. 유태인이 흔히 그렇듯이 척추가 다리에 비해 상대적으로 긴 편이었다. 젊어서 체조를 했다면 아주 강건한 사람이 됐을 것이다. 마르크스가 유일하게 규칙적으로 한 운동은 걷기였다. 담배를 피우고 한담을 나누면서 언덕을 몇 시간이고 오르곤 했지만 결코 피곤한 기색이 없었다. 그는 방안을 오락가락하는 동안에도 연구를 계속했다고 말할 수 있다. 그러다가 잠시 걸음을 멈추고 앉아서 걷는 동안 생각한 내용을 종이에 적어 넣곤 했다. 또한 걸으면서 대화를 나누다가 설명이 활기를 띠게 되거나 대화의 내용이 심각해지면 멈춰 서곤 했다.

여러 해 동안 나는 저녁에 마르크스와 함께 햄스테드 히스를 산책했다. 함께 초원을 거닐면서 나는 그로부터 경제학 강의를 들었다. 마르크스는 집필 중이던 《자본론》 1권의 내용 전체를 자신도 모르는 사이에 내게 설명해주고 있었던 것이다.

나는 집으로 돌아오면 마르크스가 이야기해준 내용을 최대한 많이 기록해 두었다. 처음에는 마르크스의 심오하고 복잡한 논리전개를 따라가기 힘들었다. 유감스럽게도 나는 그 소중한 기록물을 잃어버렸다. 파리코뮌 시대가 끝난 뒤에 파리와 보르도 지역의 경찰이 내 소지품을 수색하여 찾아낸 문서를 모조리 불에 태워버렸기 때문이다.

가장 아까운 것은 어느 날 저녁에 마르크스가 특유의 풍부한 근거와 논리를 바탕으로 상세하게 설명해준 인간사회의 발전에 관한 이론을 적어 놓았던 메모다. 나는 그 훌륭한 이론을 들으면서 비로소 눈이 트이는 듯했다. 그때 나는 난생 처음으로 세계사의 논리를 명확하게 파악할 수 있었고, 사회와 관념의 발전에서 그토록 모순되게 보이던 현상들의 유물론적 기원을 추적할 수 있었다. 그 당시의 황홀한 기분은 여러 해가 지난 뒤에도 사라지지 않았다.

마르크스의 그 훌륭한 이론을 내 능력이 닿는 대로 마드리드의 사회주의자들에게 설명해주었을 때 그들도 내가 느꼈던 것과 똑같은 인상을 받은 것 같았다. 의심의 여지가 없이 그 이론은 인간의 두뇌가 만들어낸 최고의 작품이었다.

마르크스의 두뇌는 역사와 자연과학과 철학이론에서 수집한 엄청난 양의 사실들로 무장돼있었다. 그는 다년간에 걸쳐 지적인 작업을 통해 축적한 지식과 관찰한 내용을 대단히 효과적으로 활용했다. 그는 불시에 어떠한 주제에 대한 질문을 받아도 그 즉시 매우 상세한 답변과 함께 일반적 적용이 가능한 철학적 의견까지 제시할 수 있었다. 그의 두뇌는 어떠한 사고영역에라도 출전할 준비가 돼있는 전사와 같았다.

우리는 《자본론》을 통해 놀랄 만한 활력과 뛰어난 지식을 보유한 정신과 만난다. 그러나 마르크스와 가깝게 지냈던 다른 사람들과 마찬가지로 나는 《자본론》을 비롯해 그가 남긴 저작물만으로는 그의 천재성이 어느 정도였고 그의 지식이 얼마나 폭넓었는지를 제대로 알 수 없다고 생각한다. 마르크스는 자신의 저작물을 능가하는 인물이었다.

나는 마르크스와 연구작업을 같이 한 적이 있다. 나는 사실 그가 불러주는 내용을 받아 적는 사람에 불과했지만, 그러는 동안에 그가 생각을 하고 글을 쓰는 방식을 관찰할 기회를 가질 수 있었다. 마르크스에게 연구는 쉬우면서도 어려운 일이었다. 쉬웠다는 것은 연구대상과 관련된 사실들과 자신의 생각을 완벽하게 결합하는 데서 그가 아무런 어려움도 느끼지 않았다는 말이고, 어려웠다는 것은 그렇게 지극한 완벽성을 기하다보니 그가 자신의 생각을 서술하는 것이 기나길고 힘든 과정이었다는 말이다.

마르크스는 연구대상의 거죽만 본 것이 아니라 그 기저에 놓여있는 것도 들여다보았다. 그는 연구대상의 구성요소들 사이에서 일어나는 작용과 반작용을 모두 다 검토했다. 구성요소들을 개별적으로 분리시키고 그 각각의 발전과정을 짚어나갔다. 그런 다음에 구성요소에서 그것을 둘러싼 환경으로 넘어가 해당 구성요소와 그 환경 사이의 상호작용을 관찰했다. 그는 연구대상의 기원, 변화, 진화, 변환의 과정을 철저히 추적하고 그 과정이 가장 간접적으로 미치는 영향까지 파악했다. 그는 어떤 사물이든 주위 환경과 무관한 독립적인 것으로 간주하지 않았다. 그는 늘 지속적으로 움직이는 지극히 복잡한 세계를 보았던 것이다.

마르크스는 그 세계를 다면적이고 지속적으로 변화하는 작용과 반작용 속에 있는 하나의 전체로서 드러내 보이고자 했다. 플로베르와 공쿠르의 영향을 받은 문필가들은 자기 눈으로 보는 대상을 정확하게 표현하기가 무척 어렵다고 불평한다. 그러나 그들이 표현하려는 대상은 주관적인 인상, 즉 그 대상의 껍데기일 따름이다. 마르크스의 저작에 비하면 그들의 문학작품은 어린아이 장난에 지나지 않는다. 마르크스는 지극히 활동적인 사고력을 통해 대상의 실체를 포착하고 자신이 본 대상의 내용을 표현했으며, 다른 사람들도 그것을 보게 하려고 노력했다. 그는 결코 자신의 연구에 대해 만족하는 법이 없었다. 늘 무언가를 고쳐서 개선했고, 자신이 전달하고자 하는 생각을 제대로 표현하지 못한다고 생각했다.

마르크스에게는 두 가지 천재적 자질이 있었다. 첫째, 그는 어떤 사물을 구성요소로 분해하는 데 남다른 재능이 있었다. 둘째, 다양한 발전형태를 가진 구성요소들로부터 그 내적인 상호관계를 발견해냄으로써 분해해 놓은 대상을 새롭게 재구성하는 작업의 대가였다. 사고능력이 없는 경제학자들은 마르크스에 대해 추상적이라고 비난했지만 마르크스의 설명방식은 결코 추상적이지 않았다. 그의 방식은 주위의 세계에서 개념의 정의를 취한 뒤에 실체는 내버린 채 결론에 도달하는 기하학자의 방식이 아니었다. 《자본론》에는 고립된 정의나 공식이 없다. 대신 지극히 미묘한 차이를 보이는 일련의 면밀한 분석결과들이 제시돼있다.

마르크스는 자본주의 생산양식의 지배를 받는 사회의 부가 상품의 거대한 축적으로 나타난다는 평범한 사실에서부터 논의를 시작한다. 수학적 추상이 아니라 구체적인 사물인 상품은 그러므로 자본주의적 부의 구성요소이자 기본단위다. 마르크스는 상품을 붙잡고 그것을 위아래로, 그리고 안팎으로 뒤집는 과정에서 주류의 공식 경제학자들은 전혀 알아채지 못하는 비밀을 하나하나 밝혀낸다. 그 비밀은 신비에 쌓인 가톨릭의 종교적 비밀보다 훨씬 많고 의미심장하다. 상품을 모든 측면에서 살펴본 뒤에는 다른 상품과의 상호관계, 즉 교환 속에서 그 상품을 다시 고찰한다. 그러고는 상품의 생산 및 그 생산의 역사적 조건을 살핀다. 그는 상품이 취하는 형태를 검토하면서 그것이 한 형태에서 다른 형태로 변화하는 과정과 하나의 형태가 다른 형태를 필연적으로 낳는 과정을 설명한다. 마르크스가 현상의 논리적 발전과정을 너무도 완벽하게 설명하기 때문에 그것은 상상일 것이라고 생각하는 사람도 있을 것이다. 그러나 마르크스의 설명은 현실의 산물, 즉 상품의 실제 변증법을 재생산한 것이었다.

마르크스는 자신의 연구에서 극도로 성실한 태도를 취했다. 최선의 권위자에 의해 입증되지 않은 사실이나 수치는 사용하지 않았다. 간접적인 정보에는 만족하지 않았기에 아무리 지루한 과정을 거치게 되더라도 일차자료를 찾았다. 사소한 사실이라도 확인하고자 대영박물관을 찾아가 도서를 검색하곤 했다. 마르크스를 비판하는 사람들도 그가 태만했거나 엄격하게 확인하지 않은 사실을 논증의 근거로 삼았다고 주장하고 그런 주장을 증명하지는 못할 것이다.

마르크스는 항상 원본의 출처를 중시했기에 사람들에게 거의 알려지지 않은 저자의 논문도 찾아 읽었다. 그래서 해당 저자를 인용한 유일한 사람이 되기도 했다. 《자본론》에도 잘 알려지지 않은 저자의 글이 많이 인용돼있다. 그래서 어떤 사람은 그가 자신의 박학다식함을 자랑하려고 했다고 생각할 수도 있을 것이다. 그러나 그에게 그러한 의도는 전혀 없었다. 어떤 개념을 최초로 표현했거나 대단히 정확하게 정식화한 저자에 대해서는 그 저자가 아무리 위상이 낮고 잘 알려지지 않은 사람이라도 그의 이름을 밝혀야 한다고 생각했을 뿐이다. 그는 이렇게 말했다. "나는 역사적 재판을 한다." "모든 이에게 각각의 정당한 몫을 주고자 한다."

학문적인 관점에서만큼이나 문필적인 측면에서도 마르크스는 성실했다. 자신이 전적으로 확신하지 않는 사실은 저작의 근거로 삼지 않았을 뿐 아니라 무엇이든 철저하게 연구한 뒤에야 그것에 대해 언급했다. 거듭 퇴고하여 가장 적절한 형식을 갖춘 뒤에야 저작물을 출판했다. 철저한 준비 없이 대중에게 자신의 글을 선보이기를 싫어했다. 제대로 마무리되지 않은 원고를 사람들에게 보여주는 일은 그에게 고문과도 같았을 것이다. 이러한 태도는 확고부동해서 한번은 마무리가 덜 된 원고를 그냥 남겨두느니 차라리 태워버리는 편이 낫다고 내게 말한 적이 있을 정도다.

이러한 작업방식으로 말미암아 마르크스는 독자들이 상상도 하지 못할 분량의 과제를 수행해야 하는 경우가 많았다. 그는 《자본론》에 영국의 공장법에 관한 20쪽가량의 글을 써 넣으려고 잉글랜드와 스코틀랜드의 갖가지 위원회와 공장검사관들이 작성한 보고서가 수록된 청서(영국 의회의 보고서로 표지가 파란 색으로 제본됐다 하여 청서(Blue Books)라고 불린다―옮긴이)를 모두 다 검토했다. 책에 연필로 표시를 해놓은 흔적을 보면 그는 그것들을 처음부터 끝까지 다 읽었음을 알 수 있다. 마르크스는 자본주의 생산양식을 연구하는 데는 청서의 보고서들이야말로 가장 중요하고 비중 있는 문서라고 생각했다. 그는 청서 작성자들을 매우 높게 평가하여 《자본론》의 서문에 그들에 대한 찬사를 남겼다. 전 유럽을 통틀어 "영국의 공장검사관들만큼 유능하고 당파성 및 사람들의 평가로부터 자유로운 사람은 달리 없을 것"이라는 내용이었다.

마르크스는 청서를 통해 사실적인 정보를 상당히 많이 확보했다. 청서의 배포대상인 의원들은 청서를 기껏해야 사격용 과녁으로 사용하는 경우가 많았다. 청서에 대고 권총을 쏘아 몇 쪽이나 구멍이 뚫리느냐에 따라 권총의 화력을 판단했던 것이다. 또 어떤 이들은 청서를 헐값에 팔아버리기도 했다. 그래도 이렇게 파는 것이 그들의 청서 처리방법 가운데 가장 괜찮은 것이었다. 왜냐하면 그 덕분에 마르크스가 자주 들르는 롱 에이커의 헌책방에서 청서를 값싸게 구입할 수 있었기 때문이다. 비슬리 교수는 영국의 공적 조사보고서를 가장 유용하게 활용하고 그 내용을 세상에 널리 알린 사람은 마르크스라고 말한 바 있다. 이는 물론 1845년 이전에 엥겔스가 영국 노동계급의 상황에 관한 저서를 집필하면서 청서를 많이 활용했다는 사실을 모르고 한 말이기는 하다.

2

학자 마르크스의 심장이 뛰는 가슴속을 알고 사랑하게 되려면 그가 책과 공책을 덮고 가족들에 둘러싸여 있거나 일요일 저녁마다 친구들과 함께 있는 모습을 보았어야 한다. 그런 자리에서 마르크스는 유머와 기지로 가득 찬 지극히 유쾌한 사람이었다. 그는 곧잘 진심에서 우러나오는 웃음을 터뜨렸다. 재치 있는 말이나 적절한 대꾸를 듣게 되면 그때마다 숲이 무성한 눈썹 밑에 자리 잡은 그의 검은 눈동자에서 기뽐과 장난기가 섞인 불꽃이 뿜어져 나왔다.

마르크스는 다정하고 인자하고 너그러운 아버지였다. 그는 "아이들이 부모를 가르쳐야 한다"고 말하곤 했다. 그가 딸들을 대하는 태도에서 위압적인 아버지의 모습은 전혀 찾아볼 수 없었고, 그에 대한 딸들의 애정 역시 대단했다. 그는 절대로 딸들에게 명령을 하지 않았다. 대신 자기가 원하는 것을 해달라고 부탁하는 태도를 취하거나, 자기가 원하지 않는 것은 딸들이 스스로 알아서 하지 말아야 한다고 느끼게 만들었다. 그의 딸들만큼 고분고분한 자녀를 둔 아버지도 드물었다. 딸들은 마르크스를 친구처럼 여기고 대했고, '아버지'라고 부르지 않고 '무어인(아프리카 북부에 사는 이슬람 민족—옮긴이)'이라는 별명으로 불렀다. 이는 얼굴색이 거무스름하고 머리칼과 수염이 새까맣다고 해서 그에게 붙여진 별명이었다. 이와 달리 1848년 이전, 그러니까 그가 아직 서른도 채 되지 않았을 때에 공산주의자동맹의 회원들은 그를 '아버지 마르크스'라고 불렀다.

마르크스는 딸들과 함께 놀며 시간을 보내곤 했다. 딸들은 커다란 대야에 물을 채우고 아버지가 직접 만들어준 종이배 선단에 불을 붙여 태우고는 승리를 자축하던 해전놀이를 나이가 든 지금까지도 기억하고 있다.

일요일이면 마르크스의 딸들은 아버지가 연구를 하지 못하게 했다. 딸들이 하루 종일 아버지를 독차지했던 것이다. 날씨가 좋으면 가족 전체가 시골로 소풍을 가곤 했다. 도중에 수수한 여인숙에 들러 빵과 치즈와 진저비어를 즐기기도 했다. 딸들이 어렸을 때에는 함께 길을 걷는 동안 아버지가 딸들에게 재미있는 이야기를 들려주어 딸들이 먼 길을 가깝게 느끼게 해주었다. 딸들에게 해준 이야기는 마르크스가 걸어가면서 지어낸 것이었고, 많이 걸어야 하는 경우에는 이야기가 더 복잡하게 꾸며졌다. 어린 딸들은 아버지의 이야기에 빠져들어 힘든 줄도 모르고 걸었다.

마르크스의 상상력은 비할 데 없이 풍부했다. 그가 쓴 첫 번째 문학작품은 시였다. 마르크스 부인은 남편이 젊었을 때 지은 시를 소중하게 보관하고 있었지만 아무에게도 보여주지 않았다. 가족은 마르크스가 당연히 문필가나 교수가 되리라고 생각했다. 그래서 그가 당시 독일에서 경멸의 대상이었던 사회주의 운동과 정치경제학에 빠져들자 가족은 그가 자신의 가치를 스스로 떨어뜨리고 있다고 생각했다.

마르크스는 딸들에게 그들을 위해 그라쿠스 형제에 관한 희곡을 쓰겠노라고 약속한 적이 있었다. 유감스럽게도 그는 이 약속을 지키지 못했다. '계급투쟁의 기사'로 불리기도 한 마르크스가 고대세계의 계급투쟁과 관련된 끔찍하고도 거대한 사건을 어떻게 다루는가를 볼 수 있었다면 흥미로웠을 것이다. 마르크스가 갖고 있었던 계획 가운데 실현되지 못한 것이 많다. 그는 무엇보다도 논리학과 철학사에 관한 글을 쓰고자 했다. 특히 철학사는 청년시절에 그가 가장 좋아한 주제였다. 그가 갖고 있었던 저술계획 전부를 이행하고 자신의 두뇌에 숨겨져 있었던 보물을 어느 정도라도 꺼내놓으려면 적어도 100년은 살아야 했을 것이다.

마르크스 부인은 진정하고 완전한 의미에서 마르크스에게 평생의 반려자였다. 두 사람은 어린 시절부터 서로 알고 지내며 같이 자랐다. 약혼할 당시에 마르크스는 불과 17살이었다. 두 사람은 7년이라는 긴 세월을 기다리다가 마침내 1843년에 결혼했고, 그 뒤로 죽을 때까지 헤어지지 않았다.

마르크스 부인은 남편이 사망하기 직전에 세상을 떠났다. 독일의 귀족가문에서 태어나 자랐지만 그녀만큼 평등의식이 높은 사람도 없었다. 그녀에게는 사회적 차이나 계급구분이란 존재하지 않았다. 그녀는 작업복을 입고 있는 노동자를 그대로 집안으로 맞아들였고, 식탁에서는 마치 귀족이나 왕족을 대하듯 노동자를 정중하고 사려 깊게 대접했다. 세계 각지에서 온 수많은 노동자가 그녀의 환대를 받았다. 자신을 그토록 편안하고 따뜻하게 맞이들인 여인이 아가일 공작 가문의 후손이고 오라버니가 프러시아 왕의 각료라는 사실을 짐작이라도 한 사람은 그들 가운데 단 한 명도 없었을 것으로 나는 생각한다. 그러나 마르크스 부인은 자신의 출신에 전혀 개의치 않았다. 그는 그 모든 것을 포기하고 남편을 따랐고, 극도로 궁핍한 상황에서도 자신의 결정을 후회하지 않았다.

마르크스 부인은 정신이 맑고 총명했다. 거침없이 작성하여 친구들에게 보낸 서신은 그녀의 활기차고 독창적인 사고가 낳은 걸작이라 할 수 있다. 마르크스 부인에게서 편지를 받으면 누구나 즐거워했다. 요한 필립 베커는 그녀가 보낸 서신들 가운데 일부를 묶어 책으로 출판했다. 무자비한 풍자가였던 하이네는 마르크스의 독설에 대해서는 두려워했지만 마르크스 부인의 통찰력과 감수성에 대해서는 전적으로 존경하는 태도를 보였다. 마르크스 부부가 파리에 체류할 당시에 하이네는 그들을 정기적으로 방문한 사람들 가운데 한 사람이었다.

마르크스는 부인의 지성과 비판력을 존중했기에 자신이 쓴 원고를 모두 그녀에게 보여주었고 그녀의 의견을 귀담아 들었다. 이는 마르크스가 1866년에 내게 직접 말해준 사실이다. 마르크스 부인은 남편의 원고를 인쇄소에 보내기 전에 사본을 만들어두곤 했다.

마르크스 부인은 자녀를 여럿 낳았다. 그 가운데 셋은 1848년의 혁명 이후에 가족이 힘든 시기를 보낼 때 어린 나이로 세상을 떠났다. 당시에 마르크스 가족은 이주자의 신분으로 런던 소호 스퀘어의 딘 스트리트에서 작은 방 두 칸을 얻어 살고 있었다. 나는 마르크스의 자녀 가운데 세 딸만을 안다. 1865년에 내가 마르크스 가족을 처음 만났을 때 현재 에이블링 부인으로 불리는 막내딸은 성격이 밝고 매력적인 소녀였다. 마르크스는 아내의 실수로 막내딸의 성이 바뀌었다고 말하곤 했다. 다른 두 딸은 막내딸과 놀랍고도 조화로운 대조를 이루었다. 맏딸인 롱게 부인은 아버지의 거무스름하고 탄력 있는 피부, 검은 눈동자, 새까만 머리칼을 물려받았다. 둘째 딸이자 라파르그 부인으로 불리는 나의 아내는 금발에 장밋빛 피부를 지녔다. 곱슬곱슬하고 숱이 많은 머리카락은 석양빛을 머금은 듯 금빛으로 어른거린다. 그녀는 어머니를 닮았다.

마르크스 가족의 구성원 가운데 또 한 명의 주요 인물로 헬레네 데무트가 있다. 농가 출신인 헬레네는 마르크스 부인이 결혼하기 훨씬 전인 어린 시절부터 그녀의 시중을 들었다. 그녀는 '아씨'가 마르크스와 결혼하자 함께 따라와 마르크스 가족을 위해 자기 자신을 완전히 잊고 헌신했다. 마르크스 부부가 유럽의 여기저기를 여행하거나 망명 생활을 할 때에도 항상 함께했다. 헬레네는 능숙하게 집안일을 처리해주었고, 아주 힘든 시기에도 항상 모종의 해결책을 만들어내곤 했다. 그녀의 정돈하고 아끼는 습관과 타고난 재주 덕택에 마르크스 가족은 최소한 생필품이 떨어지는 일은 없었다. 요리, 집안정리, 아이들 옷 입히기, 마르크스 부인과 함께 옷을 만들고 손질하기 등 헬레네는 무슨 일이든 다 할 줄 알았다. 그녀는 가정부이자 동시에 집사장인 듯이 집안일 전체를 꾸려나갔다. 아이들은 헬레네를 어머니처럼 따랐고, 그녀도 아이들을 친자식처럼 사랑했다. 그녀는 아이들에게 어머니나 다름없는 권위를 갖고 있었다. 마르크스 부인은 헬레네를 절친한 친구로 여겼고, 마르크스 역시 그녀에 대해 각별한 우정을 느꼈다. 마르크스는 헬레네와 체스를 두었는데 종종 그녀가 이기곤 했다.

헬레네는 마르크스 가족을 맹목적으로 사랑했다. 그들이 하는 일은 무엇이든 그녀가 보기에 좋은 일이었고, 그렇지 않을 수가 없었다. 마르크스를 비판하는 사람이라면 누구든 그녀와 겨뤄야 했다. 그녀는 마르크스 가족과 친밀해진 사람들 모두에게 어머니 같은 보호자의 태도를 취했다. 그녀는 마치 마르크스 가족 전체를 입양한 듯했다. 그녀는 마르크스 부부보다 더 오래 살았고, 나중에는 엥겔스의 가족도 보살폈다. 그녀는 소녀 때부터 엥겔스를 알았고, 마르크스 가족에게 품었던 애정을 엥겔스 가족에까지 확대시켰다.

엥겔스 역시 마르크스 가족의 구성원이라 할 수 있었다. 마르크스의 딸들은 엥겔스를 둘째아버지라고 불렀다. 그는 마르크스의 분신이었다. 오랫동안 마르크스와 엥겔스라는 이름은 독일에서 서로 떨어져 본 적이 없었다. 아울러 그들의 이름은 역사 속에서 영원히 결합돼 있을 것이다.

마르크스와 엥겔스는 고대 시인들이 묘사했던 이상적인 우정을 현 시대에 구현했다. 그들은 젊은 시절부터 같은 방향으로 성장했고, 생각과 감정을 공유하는 친밀한 친구의 관계로 살았으며, 혁명활동을 같이 했다. 두 사람이 함께 지낼 수 있는 한 그들은 늘 함께 일한 셈이었다. 우여곡절로 20년간 서로 떨어져 지내지 않았더라면 그들은 일생 동안 함께 일했을 것이다. 그러나 1848년 혁명의 실패로 인해 엥겔스는 맨체스터로 가야 했고, 마르크스는 런던에 남아 있어야 했다. 그럼에도 두 사람은 거의 날마다 서신을 주고받으면서 정치적, 학문적 사건과 자신들의 연구에 대해 의견을 교환하면서 지적인 삶을 공유했다. 엥겔스는 자신의 일에서 벗어날 수 있게 되자 곧바로 맨체스터에서 런던으로 달려와 마르크스의 집에서 불과 10분 거리에 거처를 마련했다. 1870년부터 마르크스가 세상을 떠나기까지 두 사람은 서로의 집을 번갈아 방문하면서 하루도 빠짐없이 만났다.

맨체스터를 떠나 런던으로 온다는 엥겔스의 통보를 받은 마르크스 가족은 환희로 가득했다. 엥겔스가 도착하기 훨씬 전부터 그에 대한 얘기를 나누었다. 도착 당일 마르크스는 아무런 일도 할 수 없을 정도로 안절부절못했다. 두 친구는 밤새 담배를 피우고 술을 마시면서 그 동안 있었던 일을 모두 이야기했다.

마르크스는 그 누구의 의견보다도 엥겔스의 의견을 존중했다. 엥겔스는 자기에게 동반연구자가 될 수 있다고 여겨지는 사람이었기 때문이다. 마르크스에게 엥겔스는 청중 전체였다. 마르크스는 엥겔스를 설득해 그가 자신의 생각을 받아들이게 하려고 어떤 노력도 아끼지 않았다. 예컨대 알비주아파의 정치적, 종교적 전쟁과 관련해 내가 지금은 기억할 수 없는 어떤 대수롭지 않은 문제에 대한 엥겔스의 의견을 바꾸게 하는 데 필요한 사실을 찾아내기 위해 마르크스가 어떤 책을 거듭 읽던 모습을 본 적이 있다. 결국 마르크스는 엥겔스를 자신의 의견에 동조하게 만들었다.

마르크스는 엥겔스를 자랑스러워했다. 그의 도덕적이고 지적인 자질을 나에게 열거하며 흥겨워했다. 힌번은 나를 데리고 맨체스터로 가서 특별히 그에게 소개시켜 주기도 했다. 마르크스는 엥겔스의 박학다식함을 칭찬했다. 아울러 그에게 사소한 일이라도 생기면 불안해했다. 마르크스는 나에게 이런 말을 한 적이 있다. "나는 그 친구가 말을 타고 사냥을 하다가 사고라도 당하지 않을까 항상 걱정이 돼. 성격이 너무 급해. 고삐를 늦추고 들판을 전속력으로 달려대지. 장애물을 겁내지도 않고 말이야."

마르크스는 다정한 남편이자 아버지인 만큼이나 좋은 친구였다. 그는 아내와 딸들, 그리고 헬레네와 엥겔스에게서 자신이 사랑할 만한 대상을 발견했던 것이다.

마르크스는 급진적인 부르주아지의 지도자로 출발했지만 단호하게 그들에 대해 반대하는 입장에 서자마자 버림받았고, 사회주의자가 되자마자 그들의 적으로 간주됐다. 마르크스는 중상모략을 당한 뒤에 덫에 걸려 독일에서 추방됐고, 그 뒤로는 그와 그의 저작물에 대한 '침묵의 공모'가 이어졌다. 《루이 나폴레옹의 브뤼메르 18일》은 1848년의 혁명을 겪은 역사가나 정치가 가운데 유일하게 마르크스가 1851년 12월 2일에 일어난 쿠데타의 원인과 결과가 지닌 진정한 성격을 이해하고 폭로한 저작이었지만 철저하게 무시당했다. 그 내용의 사실성에도 불구하고 부르주아 신문 가운데서는 어느 하나도 이 저작을 언급하지 않았다.

《빈곤의 철학》에 대한 비판으로 마르크스가 저술한 《철학의 빈곤》과 《정치경제학 비판》도 무시당하기는 마찬가지였다. 제1인터내셔널과 《자본론》 1권이 15년간 지속된 이와 같은 침묵의 공모를 무너뜨렸다. 이제 마르크스는 더 이상 무시될 수 없는 인물이 됐다. 인터내셔널은 발전을 거듭하여 전 세계를 그 빛나는 성과로 가득 채웠다. 비록 마르크스는 뒷전에 머물며 다른 사람들이 활동하도록 했지만 무대 뒤에 누가 있었는지는 이내 밝혀졌다.

독일에서는 사회민주당이 창설된 데 이어 비스마르크도 공격에 나서기 전에는 비위를 맞추어야 할 정도의 세력으로 성장했다. 라살 추종자인 슈바이처는 마르크스가 극찬을 아끼지 않은 일련의 논문을 통해 《자본론》을 노동대중에게 널리 알렸다. 인터내셔널 대회에서는 요한 필립 베커의 제안에 따라 모든 나라의 사회주의자들에게 《자본론》을 '노동계급의 바이블'로서 주목하도록 촉구하는 내용이 포함된 결의문이 채택됐다.

사람들이 인터내셔널의 활동을 기대하며 일으킨 1871년 3월 18일의 봉기 이후에, 좀 더 늦게 보면 제1인터내셔널 총무위원회가 모든 나라 부르주아 언론의 공격에서 지켜내고자 했던 파리코뮌이 붕괴한 이후에 마르크스의 이름이 전 세계에 알려졌다. 그는 과학적 사회주의의 가장 위대한 이론가이자 제1인터내셔널이라는 최초의 국제 노동계급 운동을 조직한 사람으로 인정받았다.

《자본론》은 모든 나라 사회주의자들이 교과서로 자리 잡았다. 모든 사회주의 신문이나 노동계급 신문이 《자본론》의 과학적 이론을 보급했다. 뉴욕에서는 대규모 파업이 진행되는 동안에 전단지의 형태로 출판된 《자본론》 발췌본이 노동자들에게 버틸 수 있는 힘을 주었고 그들의 주장이 정당함을 보증해주었다.

《자본론》은 러시아어, 프랑스어, 영어 등 주요 유럽어로 번역됐고, 그 발췌본은 독일어, 이탈리아어, 프랑스어, 스페인어, 네덜란드어 등으로 출판됐다. 유럽이나 미국 등지의 반대자들이 그 이론을 반박하려고 시도했지만 사회주의에 입각한 답변을 듣고는 입을 다물어버렸다. 오늘날 《자본론》은 인터내셔널 대회에서 불렸던 대로 '노동계급의 바이블'로 자리 잡았다.

마르크스는 국제 사회주의 운동에 참여하느라 연구활동에 할애

할 시간을 빼앗겼다. 아울러 아내와 장녀인 롱게 부인의 죽음 역시 그의 연구에 부정적인 영향을 미쳤다.

아내에 대한 마르크스의 사랑은 깊고 각별했다. 그녀의 아름다움은 마르크스에게 자랑이자 기쁨이었다. 그녀의 상냥함과 헌신은 혁명적 사회주의자로서 파란 많은 삶을 살게 된 마르크스가 필연적으로 짊어질 수밖에 없었던 고난의 짐을 덜 무겁게 만들어주었다. 예니 마르크스를 죽음으로 몰고 간 질병은 그 남편의 생명도 단축시켰다. 그녀가 오랫동안 고통을 받는 동안에 마르크스는 잠을 이루지 못했고, 운동을 하거나 신선한 공기를 쐬지 못하고 정신적으로 지쳐버려 폐렴에 걸리고 말았다. 바로 그 폐렴이 마르크스를 우리에게서 앗아갔다.

1881년 12월 2일에 마르크스 부인은 공산주의자이자 유물론자로서 살아온 그대로의 모습으로 삶을 마감했다. 그녀는 죽음을 두려워하지 않았다. 그녀는 자기에게 마지막 순간이 다가왔다고 생각하자 이렇게 외쳤다. "카를, 내 기력이 빠져나가고 있어요." 이것이 그녀가 마지막으로 알아들을 수 있게 한 말이었다.

그녀는 12월 5일 하이게이트 공동묘지의 무신론자용 묘역에 안장됐다. 그녀와 마르크스의 생활습관에 따라 부인의 장례식은 사람들에게 떠들썩하게 알리지 않고 조촐하게 치러졌다. 몇몇 가까운 친구들만이 그녀의 마지막 안식처에 모였다. 마르크스의 오랜 친구인 엥겔스는 그녀의 무덤 앞에서 고별사를 낭독했다.

아내가 죽은 뒤로 마르크스의 삶은 육체적, 정신적 고통의 연속이었다. 그는 그 모든 고통을 꿋꿋하게 이겨내려고 했지만 아내가 죽은

지 1년 뒤에 장녀인 롱게 부인까지 갑작스럽게 사망하게 되어 상황이 악화됐다. 마침내 마르크스는 쓰러졌고, 다시는 일어나지 못했다.

1883년 3월 14일에 마르크스는 책상에 앉은 채 64세를 일기로 세상을 떠났다.

아테나 신화

1

그리스에 대한 파우사니아스(2세기에 활동한 그리스의 여행가이자 지리학자—옮긴이)의 묘사 속에서 우리는 후대의 철학자와 언어학자들이 정교하게 다듬기 이전의 대중적 전설을 찾아볼 수 있다. 파우사니아스는 레아가 자식을 집어삼키려는 남편 크로노스에게 어린 포세이돈 대신 망아지를 주어 그것을 삼키게 한 데 이어 제우스 대신 배내옷에 싼 돌을 주어 그것을 삼키게 했다는 이야기를 한 다음에 이렇게 말한다. "나는 집필을 시작할 무렵에는 이러한 이야기들이 유치하다고 생각했다. 그러나 이 책(《그리스 안내기》 8권—옮긴이)에 이르러서는 그리스인들 사이에서 현자로 꼽히던 사람들이 과거를 직접적으로 말하는 대신에 일종의 수수께끼로 처리했다는 생각이 들었다. 그래서 나는 크로노스에 관한 이야기에는 그리스인의 지혜가 담겨 있다고 생각해본다." 그리스인들의 신화는 여전히 우리에게 수수께끼다. 그러나 그것이 처음부터 그러한 의도로 만들어진 것은 아니다. 그것은 세계에 대해 미개인들이 갖게 된 유아적 개념이 표현된 것이고, 그들의 일상생활이 주체할 수 없을 정도로 격렬한 상상에 의해 장식된 형태로 기록된 것이다. 모건(19세기 미국의 사회학자이자 인류학자인 루이스 모건을 가리킴―옮긴이)은 "모든 원시종교가 다 기괴하고 어느 정도는 불가해하다"고 말한다. 그러나 자연을 있는 그대로 바라보는 사람에게는 거짓말 같고 이해하기 힘든 것이 어린아이나 미개인에게는 얼마든지 단순하고 자연스러운 것으로 받아들여지곤 한다. 스칸디나비아의 바이킹 족은 마녀의 주술이 폭풍을 일으킨다고 굳게 믿는다. 이는 프랑스의 농부들이 기도를 하면 자신의 포도밭에는 비가 내리게 하고 이웃의 포도밭에는 우박이 떨어지고 강풍이 몰아치게 할 수 있다고 믿는 것과 마찬가지다. 이는 또한 오늘날의 신화학자들이 별다른 상상력을 발휘하지 않고도 힌두교의 태양신화로 얼마든지 바꾸어 놓을 수 있는 '울새의 죽음'에 관한 이야기를 영국의 아이들이 그대로 믿는 것과 마찬가지다. 대중적인 지성의 산물이 신화로 탈바꿈하는 것은 시간이 흐르면서 그러한 지성의 산물을 만들어낸 현상이 사라져버린 뒤의 일이다. 이러한 점은 상형문자에도 적용된다. 처음에는 그저 동물이나 사물을 가리키는 데 사용되다가 필사자들이 쓰기에 편하게 글자모양을 변형시키는 과정을 거치면서 상형문자가 처음에 그것을 사용한 사람들 외에는 해독하기 어려운 문자가 되고 말았다. 진정으로 대중적인 전설은 순수하고 자발적인 지성의 산물이기 때문에 우리는 그것에 대한 연구를 통해 선사시대 인간의 관습과 생각을 재구성해낼 수 있다.

《베다》에 대한 연구는 마치 포도주처럼 많은 산스크리트어 학자들을 흠뻑 취하게 만들었다. 그들은 파우사니아스를 비롯한 많은 사람들을 혼란스럽게 했던 것과 유사한 수수께끼의 비밀을 풀어내는 마법의 열쇠를 찾았다고 자랑스러워했다. 아주 오래된 이론을 소생시키는 과정에서 그들은 거의 모든 신화가 기상학적 우화라고 확신했다. 그러나 신화에는 천체의 운동이나 대기의 변화에 관한 것 외에 다른 것들도 담겨있다.

바흐오펜은 자신의 천재성을 보여주는 《모권》이라는 저작을 통해 그리스신화에서 고대의 가족형태를 발굴해냈다. 이어 위대한 미국인 사상가인 루이스 모건은 아메리카 대륙과 폴리네시아 군도의 미개인 사회에서 그러한 고대 가족형태의 자취를 찾아내는 데 성공했다. 앤드류 랭(영국의 신화학자이자 동화작가―옮긴이)은 재치와 유머를 섞어 그리스신화의 기원이 미개인의 습관적인 사고방식에 있다고 주장했다.

이 글에서는 아테나 신화에 관하여 그 기원의 특징을 몇 가지 검토해보고자 한다. 아테나 신화는 대단히 중요하다. 이는 단지 인류의 역사에서 독보적인 역할을 했던 도시의 수호신이 아테나여서만이 아니다. 이보다는 시간의 흐름에 따라 아테나라는 이름을 둘러싸고 발전해온 신화를 적절히 해석한다면 선사시대의 그리스를 제대로 파악할 수 있을 것이기 때문에 그렇다는 것이다.

아테나의 다양한 성격과 역할을 나타내는 별칭들은 대부분 쉽게 이해할 수 있지만, 오늘날에 이르기까지 고금의 어원학자들에게 수수께끼인 하나의 예외가 있다. 그 불가해한 별칭은 아주 오래전에 살았던 시인들의 작품에서 발견된다. 호메로스는 아테나를 "제우스의 딸, 무서운 트리토게네이아(Tritogeneia)"라고 부른다.[47] 헤시오도스 역시 《신통기》에서 아테나를 같은 별칭으로 부르고, 《오르페우스 송가》에도 그런 표현이 나온다. 아테네에서는 사람들이 트리토게네이아라고 불리는 여신을 기리는 군무(軍舞)를 추었다.

고대 그리스의 시인들은 전통적이고 신성한 의미가 있는 단어나 문장을 자신의 작품 속에 집어넣곤 했다. 클레멘스 알렉산드리누스(2~3세기에 활동한 그리스의 신학자로 '알렉산드리아의 클레멘트'라고도 불린다―옮긴이)는 다음과 같이 말했다. "호메로스는 트라키아의 시인들에게서 많은 것을 얻어다가 자신의 작품 속에 삽입했다." 반 레네프(19세기 네덜란드의 시인이자 소설가―옮긴이)는 헤시오도스의 작품에 호메로스가 사용했던 표현이 들어있다고 해서 헤시오도스를 표절자라고 부를 수는 없다고 했다. 오히려 두 시인이 시대적으로 앞선 동일한 판본을 각각 따랐을 것이라고 그는 판단한다. 아이스킬로스의 작품에 고대의 신화와 고대의 언어형태가 풍부하게 들어있는 것

---

47 《일리아드》, 4권.

도 같은 이유에서라는 것이다.

전승을 통해 구체적인 형태를 갖추게 된 이야기를 시인들은 충실하게 재현해야 했다. 헤로도토스에 따르면 히파르코스(기원전 6세기에 아테네를 지배한 참주—옮긴이)는 오노마크리투스(고대 그리스의 신탁과 시 수집가—옮긴이)가 신성시되는 시인 무사이오스의 작품 중 한 구절에 다른 어구를 삽입했다는 이유로 그를 추방했다고 한다. 아울러 그리 멀지 않은 옛날에 아이슬란드에서는 영웅담인 사가(Saga)를 수정하거나 '부정확하게 이야기'하는 것은 공공도덕에 대한 심각한 위반으로 여겨졌다.

호메로스와 헤시오도스의 작품에서 '트리토게네이아'라는 이해하기 어렵고 특이한 단어가 거듭해서 등장한다는 것은 운율을 위해 그 단어를 아무 생각 없이 사용했다는 이야기가 아니라 그 단어가 어떤 대중적인 전통에 속할 뿐 아니라 어떤 중요하고도 뚜렷한 의미를 갖고 있었다는 이야기다. 그리스인이 '트리토게네이아'라는 단어를 대단히 중요시했다는 사실이 이 단어에 대한 상반된 설명을 통해 입증된다.

어원학의 통상적인 규칙을 적용한다면 '트리토게네이아'는 단순하기 그지없는 단어다. 이는 '세 번 태어난'이라는 뜻으로, 얼른 보면 그다지 중요하지 않은 것처럼 보인다. 그리스어에는 이와 유사한 방식으로 만들어진 단어가 많다. '트리토스포로스(Tritosporos, 세 번째 세대)', '트리토스타테스(Tritostates, 세 번째로 높은 지위에 있는)', '트리토네니스(Tritonenis, 매달 세 번째 날)' 등이 그 예다. 아울러 '3화음(Triad)'과 피타고라스의 '3대 기본수(Ternary

Number)'도 관련이 있다. 그러나 아테나의 별칭이 지닌 원시적 의미를 무시하는 사람들은 이러한 통상적인 어원학적 설명을 터무니없다고 보고 받아들이려 하지 않았다. 어떤 이들은 트리토게네이아라는 단어가 보이오티아 지역에 있는 트리토니스(Tritonis) 강의 이름에서 유래한 것이라고 굳게 믿기도 했다. 아테나가 트리토니스 강둑에서 태어났다는 얘기가 있었기 때문이다. 고대에 아이올리스, 크레타, 보이오티아 등지에서 사용되던 단어인 '트리토(Tritw, 머리)'에서 이 단어가 파생됐다고 주장하는 이들도 있었다. 아테나가 올림포스의 최고신인 제우스의 머리에서 태어났다는 이유에서였다. 호메로스, 헤시오도스, 아이스킬로스는 아테나를 제우스의 딸이라고 불렀지만 아테나가 어떻게 태어났는지에 대해서는 말하지 않았다. 헤파이스토스가 제우스의 머리를 가르자 거기서 아테나가 튀어나왔다는 전설은 호메로스 시대 이후에 생겨난 것으로 보인다. 그 뒤로 시인들이 원래의 이야기를 더 다듬어서 신과 인간의 아버지인 제우스의 머리에서 아테나가 전차(戰車)를 타고 튀어나왔다고 묘사했다. 그러나 헤시오도스는 다른 방식으로 이야기한다. 관련 구절의 번역은 다음과 같다. "신들의 왕인 제우스는 우선 메티스를 아내로 맞이했다. … 올빼미 눈을 가진 여신인 아테나를 메티스가 낳으려고 할 때 제우스는 아첨하는 말로 메티스를 속여서 아테나를 자신의 뱃속에 숨겼다." 그렇다면 제우스의 임신은 통상적인 방식으로 돌아간 셈이다. 제우스의 머리가 부풀어 올랐거나 디오니소스의 경우처럼 아테나가 제우스의 넓적다리 속에 있지 않았다는 것이다. 따라서 호메로스와 헤시오도스가 사용한 단어인 트리토게네이아는 머리에서 튀어나왔다는 의미가 될 수 없다. 디오도로스 시쿨루스(기원전 1세기에 활동한 그리스의 역사가―옮긴이)는 어원학적인 설명에 만족하지 못하고 다음과 같이 기상학적인 설명을 제시한다. "이집트인들은 공기를 아테나라고 불렀다. 아테나는 제우스의 딸이고 항상 처녀라고 믿었다. 공기는 더러워질 수 없을 뿐 아니라 하늘의 끝까지 닿을 수 있으며, 아테나는 제우스의 머리에서 나왔다는 이유에서였다. 또한 그들은 아테나를 트리토게네이아라고도 불렀다. 이는 봄, 여름, 겨울이라는 세 계절에서 자연이 세 가지 변화를 겪는다고 본 데서 유래한 것이다. 아테나의 또 다른 별칭으로 '글라우코피스(Glaucopis)'가 있다. 이는 이 별칭의 의미대로 일부 그리스인들이 생각한 것처럼 아테나의 눈동자가 푸른색이어서가 아니라 무한한 대기가 푸른빛을 띠기 때문이다." 그런가 하면 오늘날의 신화학자들은 《베다》 연구를 통해 특별히 새로운 내용을 발견하지 못했다.

이제부터는 '세 번 태어난', 즉 '트리토게네이아'라는 단어의 잃어버린 의미를 되살릴 수 있는가에 대해 검토해보자.

3

디오니소스의 별칭인 '디메토르(Dimetor)'는 어머니가 둘이라는 뜻이다. 또한 《오르페우스 송가》에서는 디오니소스가 '세 번 태어났다'

라는 뜻을 가진 '트리고노스(Trigonos)'라는 명칭으로 불린다. 티탄족이 페르세포네의 아들인 디오니소스를 조각조각 찢어버리자 제우스가 디오니소스의 심장을 태워 그 재를 세멜레에게 마시게 했고, 이렇게 해서 디오니소스를 잉태하여 그의 두 번째 어머니가 되게 된 세멜레가 죽자 제우스는 디오니소스를 꺼내 자신의 넓적다리에 집어넣었기 때문이다. 아테나도 비슷한 운명을 겪었다. 헤시오도스에 따르면 아테나를 잉태한 메티스를 제우스가 삼켜버리자 메티스는 '신들의 아버지이자 어머니'인 제우스의 뱃속으로 떨어지기 전에 아테나를 낳았다고 한다. 그래서 제우스가 아테나를 낳은 것처럼 되어 신들의 아버지와 어머니라는 그의 호칭에 걸맞게 됐다. 파르테논 신전의 동쪽 앞면에는 이러한 이야기를 묘사한 그림이 있지만, 너무 훼손되어서 가장 중요한 요소인 제우스와 아테나의 모습이 남아 있지 않다. 그러나 볼로냐대학에 보관돼있는 에트루리아의 청동거울 뒷면에는 제우스의 출산을 묘사한 음각이 새겨져 있어서 이 유명한 이야기에 대한 고대인들의 사고방식을 엿볼 수 있게 해준다. 뷜레(19세기 프랑스의 고고학자 샤를 에르네스트 뷜레를 가리킴―옮긴이)는 거울에 대해 묘사하면서 이렇게 말한다. "제우스는 고통으로 실신한 듯하다. 베누스(아프로디테)가 제우스를 부축한다. 산파인 디아나(아르테미스)는 창을 흔들고 있는 아테나를 제우스의 머리에서 조심스럽게 꺼낸다. 헤파이스토스는 만족스러운 표정으로 그 광경을 바라보고 있다." 사실 이런 아테나의 탄생과정은 바스크 지역의 통상적인 쿠바드(여자가 임신하고 출산을 하는 동안에 남자가 임산부의 흉내를 내는 것으로 남자산욕(男子

産褥) 또는 의만(擬娩)이라고 번역된다—옮긴이) 방식이다. 아버지가 어머니의 역할을 한다. 잠자리로 가서 방안을 온통 비명과 신음소리로 가득 채우면서 자신이 아이를 낳았다고 선언한다. 이렇듯 기괴한 소극은 역사적으로 상당히 중요하며 전 세계적으로 연출됐다. 타일러(영국의 인류학자 에드워드 버넷 타일러를 가리킴—옮긴이)는 《초기 인류사》라는 저서에서 이렇듯 기묘한 관습을 행하는 민족을 모두 다는 아니지만 여럿 언급한다.

헤시오도스의 작품에서는 아테나가 메티스의 딸로 등장한다. 그러나 다른 전통적 설명에서는 트리토니스와 포세이돈 사이에서 태어난 딸 또는 오케아노스의 딸인 코리페와 제우스 사이에서 태어난 딸로 서술된다. 디오니소스의 어머니 역시 데메테르, 페르세포네, 디오네, 아말테아 등으로 다양하다. 이렇듯 어머니에 관한 내용이 불확실하다는 것은 대중의 마음속에 이 전설이 불확실한 상태로 남아있었음을 의미한다. 이는 아테나와 디오니소스로 불리는 신이 각각 여럿 있었고 나중에야 각각 단일한 아테나와 디오니소스로 통합됐기 때문일 수도 있고, 아테나라는 신을 원시신앙의 형태로 상정한 미개인들이 사회를 형성하고는 있었지만 아직 가족이라는 것이 자리 잡지 않은 상태여서 아이들이 자기 부족에 속하며 자신의 진짜 어머니와 같은 세대에 속하는 모든 여자를 다 '어머니'라고 불렀기 때문일 수도 있다. 분명한 것은 아이스킬로스가 《에우메니데스》에서 '새로운 신'이라고 불렀던 제우스와 아폴론보다 아테나가 앞선 세대의 신이라는 점이다. 사람들이 일반적으로 믿고 있는 바에 따르면 아테나는 아버지도 어머니도 없는 여신으로서 '만물이 생겨나는 원천이자 만물이 회귀하는 곳인 심연'에서 튀어나왔을 가능성이 크다. 이는 '신과 인간의 오래된 어머니'인 게(가이아—옮긴이), 페니키아의 여신인 타나트, 이집트의 사이스 지역에서 숭배된 태양신 라의 어머니 네이타의 경우와 같다. 아테나가 이들과 같은 매우 오래된 세대에 속한다는 사실이 입증된다면 트리토게네이아라는 단어의 의미는 분명해진다. 그러한 입증을 위해서는 아테나가 철학자들의 신적인 정신, 지성과 권력의 완벽한 화신, 그리스 조각의 걸작이 되기 전에 미개인들이 나무로 형상을 깎아 섬겼던 여신으로서의 아테나를 살펴보아야 한다. 아울러 흉측한 벌레로 기어 다니는 시기를 보낸 뒤에야 날개가 달린 꽃과 같이 되는 나비처럼 아테나가 일련의 변태과정을 거치고 세 번 태어남으로써 더욱 진화한 문명의 이상에 맞게 거듭 재구성된 과정도 살펴보아야 한다.

4

디오니소스와 아테나가 어디에서 태어났는가에 대해 의견이 분분하다. 크레타, 테살리아, 아르카디아, 보이오티아 등 어디든지 '트리토니스'라는 이름이 붙은 강이나 샘이 있는 지역에서는 그곳 사람들이 아테나가 자기네 지역에서 태어났다고 주장한다.

　　적지 않은 수의 신화수집가들은 보이오티아일 가능성이 크다고 본다. 아울러 아테나 숭배는 코파이스 호수로 흘러가는 트리토니스 강의 둑에서부터 아티카의 전역으로 퍼져나갔다고 그들은 주장한다. 스트라보와 파우사니아스 같은 작가들은 코파이스 호숫가에 위치한 소도시였다가 어느 겨울의 홍수에 휩쓸려 없어진 아테네와 엘레우시스에 대한 기억을 보존하고 있는 전설을 기록해 놓았다. 고대 그리스의 미개부족들이 끊임없이 전쟁을 벌였고, 이에 따라 도시는 흔히 쉽사리 공격받지 않도록 독수리 둥지처럼 바위산 높은 곳에 건설됐다는 점을 고려한다면 앞서 언급한 두 도시가 호숫가에 세워졌다고 보기는 어려울 듯하다. 그러나 선사시대의 스위스와 뉴기니 호수 거주민들처럼 아테네와 엘레우시스가 호수 안에 건설되었을 가능성은 있다. 아내를 공동으로 소유하고 말 먹이로 생선을 사용했던 페니키아인들이 프라시아스 호수 안에 도시를 만들었다는 내용이 헤로도토스의 작품에 나오기 때문에 그 가능성은 더욱 높다. 코파이스 호수에는 물고기가 많고 아리스토파네스와 파우사니아스의 시대에는 뱀장어 요리가 별미로 여겨졌다는 점을 고려하면 보이오티아 지방의 아테네와 엘레우시스가 호반의 도시였을 가능성이 높다. 아프리카의 트리토니스 호수 주변에 사는 리비아인이 그랬듯이 남자들이 아내를 공유했으리라고 생각되는 이들 두 도시는 아테나와 같은 여신이 태어나기에 적합한 장소였다.

그리스인은 다른 여느 민족과 마찬가지로 스스로를 세상의 중심이라고 여겼다. 자기들의 지식과 문명이 나머지 세계 전체로 퍼져나간다고 생각했던 것이다. 그들은 펠로폰네소스 지역이 '아피스의 땅'이라는 뜻의 '아피아'로 불리게 한 장본인인 아르고스의 왕 아피스가 이집트를 식민지로 만들고 그곳에 문명의 기술을 전파했으며, 이집트인들이 이런 점을 인정해 아피스 왕을 세라피스라는 이름으로 부르며 숭배하게 됐다고 보았다.[48] 이시스, 오시리스, 아피스 등에 대한 숭배가 이집트에서 가장 오래된 유적만큼 오래됐고, 기원전 5천 년 이전인 제4왕조의 시대에 이미 이러한 이름들이 존재했다는 점을 고려하면 이집트의 기술이 고대 그리스를 문명화했고, 이집트의 종교가 그리스의 신들이 탄생하는 데 영향을 끼쳤을 가능성이 있다.

이집트인들은 미신으로 인해 바다를 두려워했기 때문에 문명을 직접 전파하지는 않고 페니키아인, 카리아인, 쿠시인, 리비아인 등 지중해 연안지역에서 살던 민족들을 매개로 문명을 전파했다. 슐리만(19세기 독일의 고고학자 하인리히 슐리만을 가리킴—옮긴이) 박사는 티린스와 미케네 지역의 고분에서 이집트에서 기원한 유물을 발굴하다가 황금가면 여러 벌을 발견했다. 호메로스와 후대의 작가들은 장례의식에 대한 묘사를 풍부하게 남겼으나 이집트에서 그토록 널리 사용되던 가면의 용도에 대해서는 아무런 언급도 하지 않았다.[49] 그리스

....

48 신성한 황소인 아피스(Apis)는 25년 이상 사는 것이 허용됐다. 그러나 25년을 훨씬 넘겨 지상에서의 존재를 마감할 시간이 됐는데도 저절로 죽지 않으면 사제들에 의해 물 속에 빠뜨려져 익사당해야 했다. 사제들이 아피스를 천상의 신으로 되살리기 위해 지상에서 그를 익사시키는 것이었다. 천상의 신으로서의 아피스는 오시리스(Osiris) 신과 동일시되어 오시리스-아피스 또는 줄여서 오사르-아피스(Osar-Apis)나 사라피스(Sarapis)라는 이름으로 떠받들어졌고, 그리스인들은 이를 세라피스(Serapis)로 바꾸어 불렀다.
49 파리에 있는 이집트 박물관에는 황금가면이 많이 소장돼 있고, 두꺼운 종이로 만들어진 가면도 많이 있다.

땅에서는 이집트의 영향을 받았음을 보여주는 흔적을 도처에서 찾아볼 수 있다. 고대도시 코린트의 아크로폴리스이자 내륙지역에 위치한 아크로코린투스에는 이시스 신전이 두 채 있었다. 하나는 펠라스고이 양식으로, 다른 하나는 이집트 양식으로 건축됐다. 아울러 세라피스 신전도 두 개 있는데, 그 가운데 하나는 메넬라오스(그리스신화에 나오는 스파르타의 왕—옮긴이)가 트로이에서 귀환하는 도중에 배가 난파하여 도착한 곳 마을의 이름인 카노푸스로 불린다. 파우사니아스는 고대도시 헤르미오네의 유적들 가운데 아테나를 기리는 성소와 인접한 곳에서 이시스 신전과 세라피스 신전을 발견했고, 손질되지 않은 커다란 바위덩어리들이 원형으로 놓여있는 것도 발견했는데 그 안에서 데메테르를 숭배하는 의식이 행해졌다고 보았다. 호메로스에 따르면 코파이스 호숫가에 위치한 작은 마을인 코파이에도 세라피스 신전이 있었다고 한다. 레르나 근처의 폰티누스 산 정상에는 다나오스가 건축한 사이스식 아테나 신전이 있었다.

고대 전설에서는 아테나가 이방의 여신으로 묘사된다. 테베의 건설자이자 페니키아인인 카드모스는 '아테나 온가'를 숭배하는 관습을 보이오티아에 전파했다. '온가'라는 말은 페니키아에서 유래한 말로 그 의미는 오늘날까지 전해지지 않고 있다.[50] 델포이 및 기타 지역

---

50 모리(고고학을 비롯해 다방면에 걸쳐 연구활동을 벌인 19세기의 프랑스 학자 루이 페르디낭 알프레드 모리를 가리킴—옮긴이)는 '아테나 온가'의 그림이 페니키아 배의 닻에 새겨진 것으로 미루어 '온가(Onga)'라는 단어가 '닻'이라는 뜻의 '오겐(Ogen)' 혹은 '익고움(iggoum)'에서 파생된 것이라고 본다(《고대 그리스 종교사》, 1권).

에서는 온가라는 이름으로 아테나 여신을 숭배했다. 또 다른 전설에 따르면 다나오스의 딸들이 아버지가 만든 노 50개짜리 배를 타고 아테나의 보호 아래 사이스를 탈출해 미케네, 티린스와 인접한 레르나로 가던 도중에 정박한 곳인 로도스 섬의 린도스에 아테네를 숭배하는 관습을 전파했다고 한다.

역사시대의 그리스인들이 이집트 문명을 접하게 되자 그들은 사이스의 위대한 여신이자 암양으로 상징되는 네이트 혹은 네이타와 아테나를 동일시했다. 네이타(Neitha)의 철자 순서를 거꾸로 하면 아테나(Athena)가 된다. 새끼 암양은 아테나에게 바치는 희생제물에서 제외됐다. 네이타는 태양신 라의 어머니였고, 아테나는 그리스의 태양신인 아폴론의 어머니였다.[51] 네이타라는 이름을 표시하는 데 베틀의 북이 사용됐다. 왜냐하면 아테나와 마찬가지로 네이타가 베짜기 기술을 발명했다고 알려졌기 때문이다. 널리 인정하는 바와 같이 '아테나'라는 이름은 그리스어에서 유래한 것이 아니다. 샤를 르노르망(프랑스의 고고학자—옮긴이)은 《신화 갤러리》에서 아테나와 비슷한 점이 많은 페니키아의 여신인 타나트를 아테나와 비교한다. 네이타와 타나트는 부모 없이 태어난 원시적 여신 그룹에 속한다.

아테나 신화가 형성되는 과정에서 이집트인과 페니키아인이 일역을 담당했겠지만, 결정적인 영향을 미친 것은 리비아인이었다. 아프리카의 이 미개부족이 선사시대의 그리스인과 접촉하게 된 과정은 오

---

51 키케로, 《신의 본성에 관하여》.

늘날까지도 풀리지 않은 역사의 수수께끼다. 그리스인은 리비아인이 살던 지역에 위치한 트리토니스 강둑에서 숭배되는 신과 자신들의 여신이 비슷하다는 점을 인정하지 않을 수 없었다. 아울러 아테나가 트리토니스 강둑에서 태어나 거기에 머물렀다고 생각했다.[52] 헤로도토스에 따르면 아테나는 리비아인이 지극정성으로 숭배했던 여신이라고 한다. 아테나가 지혜의 화신으로 성장하기 전까지 그랬던 것처럼 리비아의 농촌 소녀들은 아마존 부족의 방식과 관습을 따랐다. 그 소녀들은 돌멩이와 막대기를 갖고 서로 싸우는 등 거친 놀이를 즐겼다. 상처를 입어 죽은 소녀는 가짜 처녀였던 것으로 간주됐다. 피슨과 호위트의 연구에 따르면 리비아 여인들은 호주 여인들과 마찬가지로 부족의 모든 남성을 남편으로 삼았고, 아이들은 어머니가 키웠다고 한다.[53] 아울러 아이가 자라면 매월 열리는 남자들의 집회에 불려가 가장 닮은 것으로 보이는 남자의 자식으로 정해졌다고 한다. 그리스인이 아프리카의 리비아인과 처음으로 접촉할 무렵에는 그리스인이 리비아인보다 훨씬 미개한 상태였으리라 추정된다. 헤로도토스에 따르면 그리스인은 리비아인에게서 복장과 '아테나의 갑옷'을 도입했다고 한다. 헤로도토스는 이렇게 덧붙인다. "다만 그리스식 갑옷의 가장자리는 뱀이 아니라 가죽끈으로 돼있었다는 차이가 있다. … 리비아 여인들은 옷 위로 털 없는 염소가죽을 걸쳤고, 염소가죽의 가장자리에는

---

52 아이스킬로스, 《에우메니데스》; 디오도로스 시쿨루스.
53 피슨과 호위트(Fison and Howitt), 《카밀라로이 족과 쿠르나이 족》, 1880, 멜번.

붉은 장식을 했다. 그리스어 '아이기스(Aegis)'는 염소가죽에서 파생된 말이다. 아울러 아테나 신전에서 들리는 귀청을 찢는 듯한 비명소리 역시 리비아에서 유래했다고 나는 믿는다. … 리비아인의 아테나는 제우스의 딸이 아니라 제우스의 형인 포세이돈의 딸이다. 아테나는 포세이돈과 다툰 후 제우스에게 가서 그의 양녀가 됐다."

아테나의 역사를 면밀하게 검토해보면 아테나가 선사시대의 그리스인과 같은 미개인들에게 어울리는 특징을 가진 여신임을 알 수 있다.

체체스(12세기 동로마제국의 신화학자—옮긴이)에 의해 보존된 한 전설에 따르면 아테나는 아버지인 팔라스의 정욕에서 벗어나고자 아버지를 죽이고 그 시체의 가죽을 벗겨서 네메아에 사는 사자를 죽이고 그 가죽을 걸쳤던 헤라클레스처럼 몸에 걸쳤다고 한다. 아테나 신화는 오랜 기간에 걸쳐 형성됐고, 그 기간에는 여자들이 항상 강간을 당할 위험에 노출돼있었던 게 분명하다. 집단혼 관습이 있는 미개부족에서는 모든 여성이 그러했다. 수많은 님프와 여신이 강간을 당했다. 아테나 역시 마찬가지였다. 아테나는 헤파이스토스에게 강간을 당하고 에릭토니오스를 잉태했다. 그런데 대지의 여신인 게가 에릭토니오스를 대신 낳았다. 아이를 하나나 둘 정도 잉태했다는 사실은 동정녀라는 지위에 아무런 영향을 미치지 못했다. 아테네의 아크로폴리스에 있는 신전인 에렉테움은 '동정녀 어머니'에게 바쳐졌다.[54] 이렇게 처녀성과 모성을 섞어놓은 점에 미개인들의 마음을 놀라게 할 의도는 전혀 들어있지 않다. 아테나는 아시아와 이집트의 다른 많은 신들과 함께 동정녀 어머니라는 특권을 누렸다. 이들 신은 남성의 협조 없이도 아이를 잉태하는 권능을 누렸다. 신성화된 동물들도 마찬가지의 특권을 누렸다. 신성한 황소인 아피스는 햇빛을 받고 수태한 암소에게서 태어났다. 독수리는 바람에 의해 잉태를 하는 것으로 그려졌다. 아울러 호라폴론에 따르면 독수리는 상형문자로 모성을 의미한다고 한다.

초기 아테나의 의상은 라누비움에서 숭배된 유노(로마신화에서 유피테르의 아내로 나오는 여신―옮긴이)의 의상과 유사하다. 이는 키케로가 묘사한 내용과 옛 훈장에 그려진 그림을 보면 알 수 있다. 그 의상은 염소가죽으로 만든 것으로, 머리를 덮고 등을 거쳐 내려가며, 허리에서 짐승의 앞다리로 만든 고리에 묶는 형태였다 따라서 독일과 프랑스의 산스크리트어 학자들을 그토록 곤혹스럽게 했던 아테나의 갑옷은 사실은 왼팔에 두른 염소가죽에 불과했다고 가정해볼 수도 있다. 그렇다면 그것은 스페인 사람들이 칼을 들고 결투를 할 때 팔에 두르는 망토와 비슷한 것이다. 아테나의 갑옷이 사나운 느낌을 줄 수 있도록 그 가장자리에는 뱀의 머리가 덧붙여졌고, 그 한가운데에는 끔찍하게 도려낸 인간의 머리가 걸리게 됐다. 로셰르(독일의 신화학자 빌헬름 하인리히 로셰르를 가리킴―옮긴이)의 지도 아래 출판 준비가 진행되고 있는 《그리스로마 신화 사전》을 보면, 입술과 코가 잘린 채

....

54 에밀 뷔르누프(Emile Burnouf, '아테네의 프랑스학교' 교장), 《아테네 여인에 관한 전설》, 1872, 3장.

허를 내밀고 있는 고르곤(그리스신화에 나오는 추악한 얼굴의 마녀들
—옮긴이)의 머리가 아테나의 갑옷 위에 그려져 있다. 후대의 시인과
화가들은 갑옷의 초기 이미지를 잊어버리거나 간과한 채 금속비늘로
덮인 가슴받이가 아테나의 두 어깨와 가슴을 덮고 있는 것으로 갑옷을
묘사했다. 이렇듯 거칠고 잔인한 의상은 신성한 지혜의 여신인 아테나
에게 어울리지 않는다고 본다면, 아테나의 원시종교적 이미지 역시 그
리스의 조각가들이 아테나를 재현하고자 만들어낸 완벽한 예술작품
에 걸맞지 않는다고 할 수 있다.

칼리마코스(기원전 3세기에 활동했던 고대 그리스의 시인이자
비평가—옮긴이)에 따르면 린도스에 다나오스의 딸들이 남겨놓은 아
테나 상은 단지 나무토막에 불과하다. '아테네의 수호여신 아테나'를
상징하는 가장 오래된 입상인 '아테나 폴리아스'는 아테네에서 소중
하게 보존됐었고, 아크로폴리스가 조성되던 날에 하늘에서 떨어진 것
이었다고 전해진다. 그런데 이 '아테나 폴리아스' 입상 역시 린도스
의 아테나 상과 마찬가지로 형체가 분명치 않은 나무토막이라고 한
다.[55] 만티네아(그리스 남부에 있었던 고대 도시—옮긴이)에서는 사
람들이 각이 진 바위에 두 팔을 붙여 아테나 상을 만들었다.[56] 다른 원
시적 신들을 표현하는 데도 이와 비슷한 종류의 조잡한 이미지들이 사
용됐다. 파리스에 있었던 헤라 상은 나무토막이었다. 키프로스에 있었

55 루디 팔로(Rudi Palo) 외,《형체가 분명하지 않은 나뭇조각》.
56 르노르망(F. Lenormant), '신전(神殿)', 〈종교사 평론〉, 1881년 1월호.

던 아프로디테 상은 돌로 만든 피라미드 형태였다(타키투스). 테베에서 숭배되던 디오니소스 상은 놋쇠로 장식한 나뭇조각이었다(파우사니아스). 선사시대의 그리스인들은 다른 지역의 미개인들과 마찬가지로 자연의 숨겨진 힘이 인격화된 신비로운 신을 섬기지 않았다. 그 대신 돌, 나뭇조각, 뼛조각 등에 마술적인 특성을 부여하고 그것을 신으로 섬겼다. 그 뒤로 인간이 신에게 동물이나 인간의 형태를 부여하기까지는 상당한 시간이 흘러야 했다.

초창기 아테나에 대한 숭배는 그녀를 표현하는 상징의 조잡함과 맥을 함께했다. 트로아스 지역에서는 아테나를 피를 좋아하는 신으로 여겼고, 그녀의 제단에 인간의 피를 뿌렸다. 그러나 이런 트로이식 아테나는 한편으로 지극한 숭배의 대상이었기에 알렉산더도 일리오스(트로이의 다른 이름—옮긴이)에서 행군을 멈추고 그녀에게 제물을 바쳤고, 크세르크세스는 황소 천 마리를 그녀에게 희생제물로 바쳤다. 포르피리오스에 따르면 시리아의 라오디케아(라타키아의 고대 이름—옮긴이) 지역에는 아테나 여신에게 처녀를 제물로 바치는 관습이 있었다고 한다. 또한 그녀에게만이 아니라 케크로프스(그리스신화에 나오는 아티카의 초대 왕—옮긴이)의 딸이자 신화에서 아테나와 같이 등장하는 아그라울로스(아글라우로스라고도 함—옮긴이)에게도 인간을 제물로 바쳤다. 아테나, 디오메데스와 함께 아그라울로스를 모신 살라미스의 신전에는 남자가 제물로 바쳐졌다.

아테나는 도시의 신전에 자리 잡기 전에는 산꼭대기의 동굴 속에서 살았다. 이는 그의 별칭으로 사용된 '아그라울로스'가 '야생의'

혹은 '시골의'라는 의미를 가진 말이라는 점과 《오르페우스 송가》를 통해 확인할 수 있다. 당시에 아테나는 '인간의 마음에 의심과 공포감을 불러일으키는 여신'이었다. 아테나는 '에우메니데스'로 불리는 세 여신을 닮았다. 이들 고대의 세 여신은 나중에 등장해서 고대의 관습을 위반하게 되는 아폴론과의 싸움에서 아테나를 심판으로 삼는다(아이스킬로스, 《에우메니데스》). 제우스를 비롯한 올림포스의 새로운 신들은 선대의 신들이 지녔던 권위를 무력화시키고 그들에게 하찮은 역할을 맡기거나 그들을 억압하는 데 성공했다. 초창기의 아테나와 에우메니데스 역시 고대의 신이었기에 제우스에게 복종해야 했다. 헤시오도스에 따르면 메티스와 결혼해 아테나를 낳을 당시의 제우스는 이미 다툴 상대가 없는 천상의 주인이었다고 한다. 널리 알려진 전설에 따르면 아테나는 티탄 족과의 싸움에 참가해 엔켈라도스를 바위 밑에 묻어버리는 등의 활동으로 제우스가 적들에게 승리를 거둘 수 있도록 도왔다고 한다. 모든 인간과 신을 주재하는 신인 제우스가 등장하는 출산의 장면은 그가 아테나를 딸로 삼은 것을 숨기기 위한 속임수일 따름이다. 이후 아테나는 제우스의 부권을 인정한다. 아테나는 고대의 신이기 때문에 남성적인 성격을 갖고 있었고, 《오르페우스 송가》에 따르면 그녀는 "남자이자 여자"였다. 아테나와 디오니소스를 동일시하기는 어렵지만, 둘은 이상하리만치 비슷하다는 이야기를 하지 않을 수 없다. 디오니소스는 아테나처럼 세 번 태어났을 뿐 아니라 본성이 이중적이었다. 더구나 디오니소스의 머리는 '황소' 모양이었다. 슐리만은 일리오스에서 발견된 몇몇 신상을 관찰해보고는 아테나를 수식하는 데 사용된 '글라우코피스'라는 말은 '푸른 눈'이라는 뜻이 아니라 '올빼미 머리를 한'이라는 뜻이라고 결론을 내렸다. 이로부터 우리는 아테나가 미개부족의 토템 여신이었다고 추론할 수 있다. 올빼미를 조상으로 여긴 그 미개부족의 여인들은 아마존 족의 관습을 따랐다.

'트리토게네이아'라는 수식어는 아테나가 세 번 태어났음을 의미하는 것이었다. 근본적으로 아테나는 부모 없이 스스로 태어난 고대의 신이었다. 그러나 세월이 흐르면서 아테나를 섬기는 미개인들이 가모장제 사회를 만들 정도로 발전하자 숭배자들이 아테나에게 어머니의 성격을 부여하고 그러한 의미를 가진 다양한 이름으로 그녀를 부르게 됐다. 그런데 지상에서, 그리고 나중에는 천상에서도 남성이 가족을 지배하게 되자 아테나는 제우스의 권위를 인정함으로써 신들을 기쁘게 했다. 그리고 제우스는 아이를 입양할 때 시행되는 관습에 따라 아테나를 마치 자기가 낳는 듯한 우스꽝스러운 의식을 치렀던 것이다. 헤라는 헤라클레스를 입양하고자 침실로 가서 아이를 자기 옷 속에 숨긴 뒤에 자연스럽게 분만하는 듯이 아이를 떨어뜨렸다. 미개인들과 야만인들은 항상 중요한 장면을 재현하고자 했다. 플리니우스는 심지어 자신이 살던 시대에도 부부가 입양하는 아이가 실제로 그 부부가 낳은 아이처럼 보이게 하려고 부부의 침실에서 입양이 이루어졌다고 전한다.

따라서 '트리토게네이아'라는 아테나의 별칭은 우리로 하여금 그리스 역사의 가장 초기로 거슬러 올라가게 할 뿐만 아니라 선사시대 인간의 진화가 세 단계의 중요한 시기를 거쳤음을 시사해주는 것이기도 하다.

고대의 문화를 다루는 철학자와 문인들은 지혜처럼 측정이 불가능하고 공기처럼 만질 수 없는 존재로 아테나를 바꾸어 놓았다. 그러나 편견이 없는 학자라면 민간의 전설, 거친 속설, 그리고 의미를 알 수 없는 별칭들(아테나에 대한 수식적인 별칭들)을 검토함으로써 호전적이고 사나우며 아프리카에서부터 그리스와 소아시아로까지 식민지를 넓혀갔던 미개부족의 성격과 연결되는 초기 아테나의 모습을 재구성할 수 있을 것이다.

아테나 신화는 균일하지 않다. 또한 수학공식과 같은 불변성을 보이지도 않는다. 자연세계나 정신세계의 만물과 마찬가지로 아테나 신화도 진화의 법칙을 따랐다. 신을 만들어낸 미개인들이 진화함에 따라 다른 신들이 진화했듯이 아테나도 진화했으며, 인류의 문명이 발달함에 따라 아테나도 차츰 고상한 삶을 얻게 된 것이다. 이집트인들이 상정하는 지옥에 떨어진 영혼처럼 아테나는 수많은 단계를 거쳐 왔고, 이제는 시인이 노래하는 신의 영역이나 철학자가 말하는 신성한 지혜 속에서는 미개부족의 여신으로서의 아테나를 거의 찾아볼 수 없다.

말의 권리와 인간의 권리

자본주의 문명은 임금노동자에게 '인권'이라는 형이상학적 권리를 부여했지만, 이는 오로지 노동자를 경제적인 의무에 더욱 단단하게 구속하기 위해서였다.

인권은 노동자에게 이렇게 말한다. "내가 그대에게 자유를 주노라. 비참한 삶을 꾸려나갈 수 있을 정도의 돈만 받고 일을 해서 그대의 고용주를 백만장자로 만들어줄 자유, 그리고 빵 한 조각에 그대의 자유를 고용주에게 팔 자유를 주노라. 고용주는 그대를 열 시간이나 열두 시간 동안 작업장에 가두리라. 그러고는 그대가 기진맥진해 쓰러질 지경이 돼야 그대를 풀어 주리라. 멀건 죽을 급하게 삼키고는 곧바로 깊은 잠에 빠질 수 있을 정도의 힘만 남을 때까지 그대는 작업장에서 일해야 하리라. 그대에게는 결코 팔 수 없는 권리가 있으니 그것은 바로 세금을 낼 권리다."

'진보'와 '문명'은 임금노동자에게는 가혹하게 굴지 모르지만 두 발 달린 어리석은 족속이 '하등'이라는 꼬리표를 달아준 동물에게는 어머니처럼 인자하기 그지없다.

문명은 특히 말이라는 종족을 편애해왔다. 그동안 문명이 말에게 베풀어온 은혜를 죄다 열거하기가 어려울 정도다. 다만 일반적으로 널리 알려진 몇 가지만 언급하고자 한다. 그리하여 비참한 생활에 빠진 무기력한 노동자들의 열정을 일깨우고 그들의 욕망에 불을 지피고자 한다.

말은 몇 가지 종류로 뚜렷하게 분류된다. 그 가운데서 귀족에 해당하는 부류는 대단한 특권을 아주 많이 누린다. 기수니 조련사니 마구간 관리인이니 사육 담당자니 하면서 인간의 얼굴을 하고 말의 시중을 드는 짐승들은 자신들의 그런 역할에 대해 수치심을 느끼지 못할 만큼 도덕적으로 타락해버렸다. 그래서 그들은 말의 온몸을 닦아주거나 손질해주거나 빗질해주고, 말에게 잠자리를 만들어주고, 말의 배설물을 치워주는 과정에서 감사의 표시로 물리거나 발길질을 당하면서도 결코 주인인 말에게 반항하는 법이 없다.

귀족 말은 자본가와 마찬가지로 일을 하지 않는다. 귀족 말은 들판에서 운동을 할 때면 자신에게 귀리며 클로버며 티머시 목초며 그 밖의 즙이 많은 풀을 공급해주려고 밭을 갈고 씨를 뿌리고 목초지의 풀을 베고 갈퀴질을 하는 인간이라는 동물을 경멸이 가득 찬 눈으로 내려다본다.

문명이 편애하는 이 네 발 달린 종족은 사회적 영향력이 막대하기에 비슷한 특권계층인 자본가에게도 자신의 의지를 관철시킨다. 자본가 중에서도 지체 높은 이들로 하여금 아름다운 숙녀와 함께 마구간에서 차를 마시면서 자신의 똥오줌에서 풍기는 얼얼한 향기를 들이마시도록 한다. 또한 이 종족이 군중 앞에서 행진하는 데 동의할 경우에는 뜨거운 햇볕 아래 불편한 관중석을 빽빽하게 메운 일이 만 명의 사람들로 하여금 조각상 같은 몸매로 달리거나 뛰어오르는 자신들의 모습을 감상하도록 한다. 그들은 인권 신봉자들이 경외감에서 고개를 숙이는 고위층 인사도 안중에 없다. 얼마 전 샹티이에서 어떤 우승후보 말은 벨기에 왕의 머리 모양이 마음에 들지 않다는 이유로 그 왕을 걷어찬 적이 있다. 그런데 말을 숭배하는 그 '폐하'께서는 오히려 우물거리며 말에게 사과를 하고는 얼른 자리에서 물러났다고 한다.

오를레앙 가문이나 호엔솔레른 가문보다도 진짜배기 귀족 조상이 훨씬 더 많은 말이 높은 사회적 지위 때문에 타락하지 않은 것은 다행스러운 일이다. 만약 말이 자본가와 경쟁을 벌이겠다며 레이스와 다이아몬드를 걸치고 샴페인과 샤토마르고 와인을 마시면서 미학적으로 잘난 체를 하고 사치를 일삼으며 천박한 취향을 드러내고자 했다면 임금노동자는 훨씬 더 비참한 처지에 빠지고 더 많은 노역에 시달려야 했을 것이다.

아울러 인도의 촌락을 어슬렁거리며 돌아다니다가 부녀자와 아이들을 물어가는 벵골 호랑이처럼 이들 귀족 말이 인간을 잡아먹으려고 하지 않는 점도 프롤레타리아 인간에게는 다행스러운 일이다. 만약 유감스럽게도 말이 식인동물이었다면 말의 요구를 거절하지 못하는 자본가들이 임금노동자를 잡는 도살장을 지었을 것이다. 그리하여 식인마의 입맛을 충족시키고자 남자아이의 허리살을 도려내어 스테이크를 만들고, 여자아이로 로스구이를 만들고, 나이든 여자로는 햄을 만들었을 것이다.

별 재주가 없는 프롤레타리아 말은 물론 귀리 한 줌이라도 얻어먹으려면 일을 해야 한다. 하지만 자본가계급은 귀족 말을 떠받들다 보니 노동을 하는 말에게도 인권에 내재된 권리에 비해 훨씬 더 견고하고 실질적인 권리를 인정하게 됐다. 권리 가운데 으뜸가는 권리, 즉 '존재할 권리'는 어떠한 문명사회에서도 노동자에게는 인정되지 않지만 말에게는 인정된다.

망아지는 세상에 나오기도 전에 어미 말의 뱃속에서부터 존재의 권리를 만끽한다. 어미 말은 임신하자마자 일체의 노동에서 벗어나 농촌으로 보내져 평화롭고 안락한 분위기에서 새끼를 출산한다. 그러고는 새끼에게 젖을 먹이고, 새끼가 다 자랄 때까지 마음껏 뛰놀 목초지에서 맛있는 풀을 고르는 법을 가르치기 위해 새끼 곁에 머문다.

'인권'을 숭상하는 도덕가와 정치인들은 노동자에게 그러한 권리를 부여하는 것은 터무니없는 일이라고 생각한다. 필자가 여성에게는 분만 전후의 2개월 동안 공장에서 일하지 않아도 될 권리를 인정하고 생계수단도 제공해야 한다고 주장했을 때 의회에서 대소동이 일어났다. 내 제안이 문명의 윤리체계를 어지럽히고 자본주의의 질서를 흔드는 것이었던 모양이다. 인간의 아기에게 망아지의 권리를 부여하자고 요구하다니 그 얼마나 구역질나는 주장인가 하는 반응이었다.

프롤레타리아 인간의 자식은 작은 발로 걷게 되자마자 자본주의라는 감옥에 갇혀 고된 노동을 해야 한다. 반면에 망아지는 쾌적한 자연 속에서 자유롭게 성장한다. 게다가 일을 시작하기 전에 몸을 충분히 만들도록 보살핌을 받는다. 또한 체력에 맞는 일을 하도록 배려된다.

자본가의 말 보살핌은 말이 죽을 때까지 이어진다. 한 합승마차 회사에서 마구간에 짚 대신 충분히 탄화되지 않은 저질 석탄인 토탄과 제혁공장의 폐기물을 깔았다는 사실을 알게 된 한 부르주아 신문이 품격 있는 비분강개를 토해내던 일이 생각난다. 그런 쓰레기 위에서 자야 하는 말이라니 얼마나 가여운가! 영혼이 섬세한 부르주아지는 산업에 의해 희생당하는 그 어린 존재들의 운명을 보고 즐거워할 수 없다는 입상을 풍냉이라도 하려는 듯 모든 자본주의 국가에서 동물보호협회를 결성했다. 속물적 이기주의의 화신인 부르주아 철학자 쇼펜하우어는 말을 때리는 채찍소리가 들리면 자기 가슴이 찢어지는 듯하다고 했다.

앞에서 말한 합승마차 회사에서는 노동자를 하루에 14시간에서 16시간까지 부려먹지만 사랑스러운 말에게는 고작 5시간에서 7시간만 일하게 한다. 그 회사는 휴식을 취하며 피로를 풀고 가벼운 질병은 떨쳐낼 수 있게 해줄 공간을 말에게 제공하기 위해 목초지를 구입했다. 네 발 달린 동물을 즐겁게 해주기 위해 두 발 달린 동물에게 주는 임금보다 더 많은 돈을 지출한다는 것이 이 회사의 방침이다. 입법자나 광적인 '인권' 옹호자들 가운데 날마다 말을 위해 지출되는 돈 가운데 일부를 떼어내어 그것을 가지고 죽은 뒤에나 쓸모가 있는 안식처라도 인간에게 보장해주려는 생각을 한 자는 그동안 전혀 없었다.

'말의 권리'는 공표된 적이 없다. 자연이 모든 인간의 의식에 심어놓은 법칙을 가리켜 소크라테스가 불문율이라고 했듯이 말의 권리는 불문의 권리, 즉 '성문화되지 않은 권리'다.

말은 시민적 권리를 요구할 생각은 하지 않고 그저 그러한 불문의 권리만으로 만족함으로써 지혜로움을 보여주었다. 나무로 만든 의족에 뜸질을 하는 것만큼이나 쓸모가 없는 저항권, 평등권, 자유권 등의 온갖 형이상학적 진수성찬을 얻자고 콩 한 접시를 포기한다면 인간처럼 어리석은 행동을 하는 것이라고 판단한 것이다.

문명은 말을 편애하지만 다른 동물의 운명에도 무관심하지 않다. 양은 교회의 신부처럼 평화롭고 게으른 일상을 보낸다. 축사에서 보리, 알팔파, 순무나 그 밖의 식물뿌리를 먹으면서 임금노동자의 보살핌을 받는다. 양치기는 풀이 많은 목초지로 양을 끌고 나가 풀을 뜯어먹게 한다. 그리고 평원의 풀이 가뭄으로 인해 말라죽으면 부드러운 풀을 먹일 수 있는 산악으로 이동한다.

그동안 이단자들을 화형에 처해온 교회가 이제는 더 이상 양, 아니 '양고기'를 사랑하는 독실한 신도를 길러낼 수 없다고 한탄한다. 그런 교회의 모습은 지친 어린 양을 어깨에 들쳐 멘 인자한 양치기의 모습으로 형상화된 예수로 상징된다.

숫양이나 암양에 대한 사랑은 결국 양의 다리 고기와 커틀릿에 대한 사랑일 뿐이다. 이는 인권이 가져다주는 자유라는 것이 임금노동자가 노예가 되는 것일 따름인 것과 마찬가지다. 그 이유는 우리의 음흉

한 문명이 자본가의 착취를 영원한 원리로, 그리고 부르주아 이기주의를 고상한 감정으로 위장하기 때문이다. 부르주아지는 양에 대해서는 적어도 그것을 잡아먹기 전에는 잘 보살피고 살찌운다. 그들은 그러나 고역으로 인해 삐쩍 마른 몸으로 공장 문을 나서는 노동자는 붙잡아서 통킹이나 마다가스카르의 도살장으로 보낸다.

온갖 종류의 일을 하는 노동자들이여, 죽도록 일을 해봐야 자본가만 부자로 만들어주고 스스로는 더 가난해질 수밖에 없는 노동자들이여! 일어서라, 일어서라! 의회의 어릿광대들이 인권이라는 기치를 내걸고 있으나 그대들은 그대 자신과 그대의 아내와 그대의 아이들을 위해 과감하게 말의 권리를 요구하라!

사회주의와 지식인

프랑스 노동자당 산하의 집산주의 학생단체가 소집한 회의에서 한 연설
1900년 3월 23일 프랑스 파리

신사숙녀 여러분! 바양(프랑스의 사회주의자 에두아르 마리 바양을 가리킴—옮긴이)이 주재하는 본 회의에서 연설하게 되어 기쁩니다. 왜냐하면 이번 회의는 우리 두 조직 간에 긴밀하고 지속적인 결속을 다짐하는 자리이고, 바양은 사회주의 정당인 노동자당의 지식인들 가운데 한 사람이기 때문입니다. 마르크스, 엥겔스, 라브로프가 이미 우리 곁을 떠나고 없는 상황에서 바양이야말로 프랑스에서, 아니 전 유럽에서 가장 학식이 높은 사회주의자라고 말할 수 있습니다.

집산주의 학생단체에서 이러한 자리를 마련한 것은 그동안 프랑스의 사회주의가 위기를 겪었기 때문입니다. 그 위기는 '성장의 위기'라고 불려왔지만, 사실은 그런 게 아닙니다. 그것은 일부 부르주아 지식인들이 당 안에서 일정한 지위를 차지하면서 발생한 위기였습니다. 그렇기 때문에 자본주의 사회에서 지식인이 처한 상황, 1789년 혁명 이후 지식인의 역사적 역할, 그리고 부르주아지가 귀족계급과 투쟁하

는 과정에서 내건 약속을 이행해온 방식에 대해 검토해보는 일도 흥미로우리라 생각합니다.

18세기는 이성의 세기였습니다. 종교, 철학, 과학, 정치, 그리고 계급, 국가, 자치도시가 누리는 특권 등 모든 것이 이성의 가차 없는 비판을 받았습니다. 역사를 통틀어 이 시기만큼 갖가지 사상이 들끓듯 일어나고 사람들의 정신이 혁명을 준비한 적이 없었습니다. 이데올로기적인 선동에서 큰 역할을 수행한 미라보가 의회에서 다음과 같이 말한 것도 당연한 일이었습니다. "우리에게는 생각할 시간이 없다. 그러나 다행스럽게도 우리에게 갖가지 아이디어가 공급된다." 필요한 것은 그러한 아이디어를 구현하는 것뿐이었습니다. 자본주의는 혁명의 실현을 위해 열광적인 태도로 노력했던 지식인들에게 보답하기 위해 영예와 보상을 주겠노라고 약속했습니다. 자본주의가 낡은 질서를 허물고 새로이 건설하는 사회에서는 '미덕'만이 아니라 '지성'과 '지혜'도 특권을 누릴 것이라고 약속했습니다. 약속에는 비용이 들지 않습니다. 자본주의는 모든 사람에게 자유, 평등, 우애를 통해 기쁨과 행복을 가져다주겠다고 선언했습니다. 자유, 평등, 우애는 영원한 원칙인데도 그때 처음으로 탄생한 듯했습니다. 자본주의 사회는 지극히 새로워야 했기에 그랬는지 심지어 '공화국'이 선포되기도 전인 바스티유 함락 당시부터 카미유 데물랭은 새로운 시대를 열어야 한다고 주장했습니다.

자본주의가 그러한 영원한 원칙을 어떤 방식으로 적용했는가는 굳이 설명할 필요가 없을 것입니다. '공화국'은 감옥, 감화소, 군대막

사, 정부건물 등의 입구 위쪽에 냉소적인 어조로 그런 원칙을 새겨놓았습니다. 그러나 나는 여러분에게 이런 점을 상기시키고자 합니다. 문명에 의해 타락되지 않은 상태에서 공유재산 체제 아래 살아가는 미개부족이나 야만부족은 그러한 영원한 원칙을 어디에도 새겨놓지 않는 것은 물론이고 그것을 정식화하지도 않은 채 그냥 그것을 실천합니다. 그들은 1789년에 그것을 발견한 자본가들은 꿈꿔보지도 못한 완벽한 방식으로 그것을 실천합니다.

자본주의가 내건 약속이 얼마나 믿을 만한 것인지를 판단하는 데는 오래 걸리지 않았습니다. 자본주의는 정치적 상점을 개점한 바로 그날부터 파산절차를 밟기 시작했기 때문입니다. 인권과 시민권을 정식화하고 '법 앞의 평등'을 선언했던 세헌의회기 1790년에는 오히려 '법 앞의 불평등'을 확립하는 선거법을 심의하고 가결했습니다. 이에 따라 사흘치 임금에 해당하는 금액을 직접세로 납부하는 '능동적 시민'만이 투표권을 갖게 됐습니다. 그리고 인증의 요건으로 55프랑 정도의 직접세를 납부하는 시민이라야 공직에 취임할 권리를 얻게 됐습니다. 루스탈로와 데물랭을 비롯한 재산 없는 지식인들은 이렇게 야유했습니다. "그러한 법 아래서는 혁명의 바이블로 간주되는 《사회계약론》의 저자 장 자크 루소도 투표권을 행사하거나 공직에 진출하지 못할 것이다." 이 선거법은 수많은 시민에게서 정치적 권리를 박탈했습니다. 일례로 1790년에 파리에서 선거가 실시됐을 때 이 도시의 인구는 50만 명이었지만 유권자는 1만 2000명에 불과했습니다. 바이이(18세기 프랑스의 천문학자이자 정치인인 장 실뱅 바이이를 가리킴—옮긴이)는 고작 1만 표를 얻어 시장에 당선됐습니다.

자유, 평등, 우애라는 영원한 원칙이 새로운 것이 아니듯이 지식인들의 입에 발린 약속도 자본주의가 힘을 갖게 되기 전에 이미 실현되기 시작한 것들을 새삼스럽게 내세우는 것에 지나지 않습니다. 신권민주주의 체제인 교회는 모두에게 문호를 개방합니다. 누구든 입교할 수 있고, 일단 입교하면 자신의 직함과 특권을 내버립니다. 아울러 교회에서는 누구라도 최고의 자리를 열망할 수 있습니다. 사회 최하층 출신으로 교황이 된 사람들도 있습니다. 교황 식스투스 5세는 젊었을 때 돼지 치는 일을 했습니다. 중세의 교회는 사상가와 학자들을 끌어들이려고 애썼습니다. 평신도로 남고자 하는 이들의 선호를 존중하면서도 그들에게 보호와 돌봄의 손길을 뻗쳤습니다. 또한 그들이 겉으로나마 신앙심을 유지하는 척하고 교회의 울타리를 벗어나 저속해지지 않는 한 아무리 대담한 사상이라도 그들에게 용인했습니다. 교회가 그랬기에 코페르니쿠스도 〈천체의 회전에 관한 논문〉을 작성해 교황에게 헌정할 수 있었습니다. 성경의 가르침과는 반대로 지구가 태양의 주위를 돈다는 내용이 담긴 글임에도 말입니다. 그러나 코페르니쿠스는 프라우엔부르크의 사제였고, 라틴어로 논문을 작성했습니다. 반면에 그로부터 한 세기 뒤의 인물인 갈릴레오는 성직자들에게서 벗어나 세속권력의 보호를 받고자 했습니다. 그는 베네치아와 피렌체에서 코페르니쿠스의 이론을 공공연하게 지지했습니다. 그러자 로마교황청에서 갈릴레오를 위협했습니다. 이 걸출한 노학자에게 학문적 신념을 부정하도록 강요했습니다. 교회는 프로테스탄티즘으로 인해 위기를 겪은 뒤에도 교회에 소속된 학자들에게는 관대한 태도를 유지했습니다. 17세기의 위대한 기하학자이자 미님 수도회의 수도사였던 메르센은 데카르트의 선배이자 친구였습니다. 그는 근대 유물론의 아버지인 홉스와 자유롭게 서신을 주고받았습니다. 《시민론》의 프랑스어판 주석에 그 서신의 내용이 수록돼있습니다.

교회가 이렇게 관대한 태도를 취한 것은 순수학문에 대한 불편부당한 사랑 때문이었을 수도 있겠지만, 무엇보다 학문에 대한 지배력을 확보하고 유지하기 위한 것이었다고 봐야 합니다. 교회는 지식인들과 학문을 독점하고자 했습니다. 그런 교회의 태도는 신정주의 국가였던 고대 이집트의 사제들이 과학과 철학의 기본원리를 탐구하는 그리스 사상가들을 대하던 방식과 같습니다.

학문에 대한 불편부당한 사랑이 자본주의의 특성이라고 말한다면, 이는 자본주의를 모욕하는 것입니다. 왜냐하면 자본주의의 관점에서는 학문의 존재이유가 오직 하나, 즉 자연력을 이용해서 부를 늘리는 데 있기 때문입니다. 따라서 자본주의는 순수한 연구 따위에는 신경을 쓰지 않습니다. 자본주의는 다만 스스로를 방어하려는 목적에서 학자들이 정신적 에너지를 실용분야가 아닌 이론적 연구에 쏟아 붓도록 할 뿐입니다. 순수학문에 대한 경멸은 오귀스트 콩트의 실증주의 철학에서도 드러납니다. 콩트는 천박하고 비굴한 자본주의 정신의 편협함을 너무도 잘 체현한 사람이었습니다.

산업적 응용과 분리된 학문은 부르주아지의 흥미를 끌지 못하며, 지식인에 대한 부르주아지의 염려는 지식인에 대한 교회의 염려와 전혀 다릅니다. 지식인에 대한 부르주아지의 무관심은 물질적 재산과 지적 재산의 법적 지위를 살펴보면 분명하게 알 수 있습니다.

자본주의 법 아래서는 물질적 재산은 그 근원이 무엇이든 간에 영원한 것으로 간주됩니다. 다시 말해 소유자에게 영구적인 귀속이 보장된다는 얘기입니다. 물질적 재산은 수백 년에 걸쳐 자자손손 상속되고, 어떤 정치권력이나 시민권력도 재산의 신성함을 훼손하지 못합니다. 최근에 우리는 물질적 재산의 이런 불가침성을 전형적으로 보여주는 사례를 접한 바 있습니다.

더반(아프리카 남단의 항구도시―옮긴이)의 신호국에서 근무하는 한 직원이 항구에 들어오는 선박들과 그 선박들이 실어오는 사람, 말, 군수품 등에 관한 정보를 일광반사 신호로 보어인들에게 보냈습니다. 그 직원은 이런 이적행위의 대가로 12만 5000프랑을 받았고, 여느 똑똑한 자본가와 마찬가지로 그 돈을 은행에 예탁했습니다. 영국 군당국은 그 반역자를 체포해서 총살형에 처했지만, 그 반역자의 재산은 그가 명예롭게 획득한 것으로 본 것인지 존중했습니다. 이제 그 재산은 그의 아내와 아들의 합법적 소유가 됐습니다. 약간의 차이를 제외하고는 자본주의 국가의 법률은 어디에서나 같기 때문에 영국에서 벌어진 이런 일이 프랑스에서도 벌어질 수 있습니다. 어떤 권한으로도 바젠(19세기 프랑스의 장군 프랑수아 아실 바젠을 가리킴―옮긴이)의 재산에 손을 대지 못합니다. 또한 드 레셉스와 코튀, 그리고 그들의 가족에게 파나마운하 주식에 투자한 '풋내기 투자자'들에게서 교묘하게 긁어모은 수백만 프랑을 뱉어내라고 강요하지 못합니다.

재산이 법적으로 신성하게 된 것은 새로운 현상입니다. 프랑스에서는 1789년 혁명 때부터 이런 현상이 시작됐습니다. 그 전에는 이러한 종류의 재산이 그다지 존중되지 않았기에 범죄자의 재산은 몰수됐습니다. 그리고 파리와 일부 지방 도시들이 중앙정부에 청원을 할 때 가장 우선적으로 요구한 것들 가운데 하나가 바로 이런 몰수제도의 폐지였습니다. 자본주의는 기만적이거나 불명예스러운 방법으로 획득된 재산의 몰수를 금지했습니다. 이런 조치는 결국 자본주의 자신의 재산은 그 원천이 범죄자나 반역자의 재산만큼이나 기만적이고 불명예스럽다는 사실을 공공연하게 인정한 것이나 다름없습니다.

그런데 자본주의 법에는 지적 재산에 대해서는 물질적 재산에 대해서만큼 배려를 해주는 제도기 전혀 들어있지 않습니다. 법률이 보호한다고 하는 문학적 재산이나 예술적 재산이 실제로는 불안한 상태에 있습니다. 저자가 살아 있는 동안과 죽은 뒤의 일정 기간(최근 입법에 따르면 50년)으로 보호가 제한되기 때문입니다. 그 기간이 지나면 공동의 재산으로 바뀝니다. 예를 들어 낭만주의 문학의 천재인 발자크가 남긴 작품의 경우 올해 3월부터는 그 어떤 출판업자도 그것을 출판해서 거두는 모든 이익을 자기 것으로 챙길 수 있습니다.

문학적 재산은 수가 그리 많지 않은 출판업자들에게는 관심의 대상이겠지만 훨씬 더 수가 많은 자본가들에게는 별다른 이익을 가져다주지 않습니다. 그러나 발명과 관련된 재산은 경우가 다릅니다. 이것은 제조업이나 상업에 종사하는 자본가 모두에게 아주 중요한 관심의 대상입니다. 그렇기에 발명과 관련된 재산에 대해서는 법이 아무런 보호도 해주지 않습니다. 발명가는 해적 같은 자본가에게 자신의 지적 재산을 빼앗기지 않으려면 특허를 내는 방식으로 그 지적 재산에 대한 권리를 사야하고, 일단 특허를 낸 뒤에도 해마다 그 특허를 갱신해야 합니다. 돈을 내지 않으면 그 즉시 발명가의 지적 재산은 자본주의 도적들의 합법적인 먹이가 됩니다. 설령 발명가가 돈을 지불한다고 해도 일정 기간만 권리를 보유할 수 있습니다. 프랑스에서는 그 권리가 14년 동안만 유효합니다. 이는 대개의 경우 발명가가 자신의 발명을 산업현장에 도입시키기에는 턱없이 부족한 기간입니다. 게다가 그 기간에 발명가는 자신의 지적 재산을 빼앗아가려는 자본주의 도적들에 맞서 자신의 비용 부담으로 법률이라는 기계가 돌아가도록 해야 합니다.

반면에 지적인 노력이 전혀 필요 없는 자본주의 재산인 상표는 물질적 재산과 마찬가지로 법률의 보호를 영구적으로 받습니다.

자본가계급은 발명가에게 지적재산권을 방어할 권리를 마지못해 부여했을 뿐입니다. 자기들이 지배계급이기 때문에 육체노동의 열매뿐만 아니라 정신노동의 열매까지도 자기들이 가질 자격이 있다고 생각했기 때문입니다. 이는 중세 봉건시대의 영주들이 농노의 재산에 대해서도 소유권을 주장했던 것과 마찬가지입니다. 우리 시대의 발명가에 관한 이야기는 온통 자본가의 약탈로 인해 망하는 이야기입니다. 마치 우울한 순교자들이 길게 늘어선 모습과 같습니다. 발명가는 자신의 천재성 때문에 가족과 함께 파멸하고 고난을 겪어야 합니다.

상당기간 힘들여 연구하고 막대한 비용을 들여야 하며 실제로 적용되도록 하는 데도 오래 걸리는 발명만이 발명가를 가난이라는 지옥에 몰아넣는 것이 아닙니다. 아주 단순하고 즉각적으로 적용될 수 있으며 풍부한 결실을 낳아주는 발명도 마찬가지입니다. 한 가지 사례만 들어보겠습니다. 최근에 파리에서 한 발명가가 지독한 가난 속에 숨졌습니다. 그러나 그의 발명 덕분에 철도회사와 광산회사들은 연간 수백만 프랑을 절감하게 됐습니다. 부두와 광산 근처에 산더미처럼 쌓인 석탄먼지를 재료로 해서 오늘날 우리가 흔히 연료로 사용하는 '조개탄'을 개발한 사람이 바로 그였습니다.

인류사회를 억압한 계급들 가운데 가장 혁명적인 계급인 자본주의 부르주아지는 생산수단을 지속적으로 혁신해야만, 따라서 역학, 화학, 물리학 등의 분야에서 새로 발견된 사실을 산업 분야에 적용하는 일을 끊임없이 계속해야만 지신들의 부를 늘릴 수 있습니다. 발명에 대한 끝없는 목마름으로 발명공장을 짓기도 합니다. 미국의 일부 자본가들은 에디슨에게 세상에서 가장 멋진 연구소를 멘로파크에 지어주었을 뿐 아니라 그가 계속 발명을 할 수 있도록 단련된 과학자, 선별된 작업인력, 그리고 필요한 물건과 재료 등을 제공했습니다. 거기서 무엇인가가 발명되면 자본가들은 특허를 내고 그것을 이용하거나 팔아먹습니다. 물론 에디슨 자신도 약삭빠른 사업가입니다. 그는 멘로파크에서 발명된 기술이 낳아주는 이익 가운데 일부를 자기 몫으로 챙기는 데 신경을 썼습니다.

하지만 모든 발명가가 발명공장을 지어준 자본가들을 상대로 에디슨처럼 계약을 통해 자신의 이익을 관철할 수 있는 것은 아닙니다. 파리에 있는 톰슨-휴스턴 컴퍼니와 런던과 베를린에 있는 지멘스는 각각 자사의 전기기계 생산공장과 연계하여 연구소를 운영합니다. 이 두 연구소에서는 창의적인 우수인력이 전기의 새로운 응용방법을 찾아내느라 분주합니다. 프랑크푸르트에 있는 세계 최대 규모의 아닐린 염료 공장은 광물성 키니네인 안티피린을 개발했습니다. 이 공장에서는 새로운 콜타르 제품을 개발하기 위해 100명이 넘는 화학자를 고용하고 있습니다. 새로운 제품이 나올 때마다 회사 측은 특허를 내고, 발명가들을 독려하기 위해 그들에게 포상을 하기도 합니다.

공장과 작업장은 모두 그 자체로 어느 정도는 발명을 위한 연구소의 성격을 갖고 있습니다. 왜냐하면 노동자들이 일을 하는 도중에 기계의 성능을 개선하게 되는 경우가 상당히 많기 때문입니다. 발명가는 새로운 기술에 대해 특허를 내거나 그 기술이 생산현장에 적용되도록 하는 데 필요한 자금을 갖고 있지 않기 때문에 고용주가 대신 자기 이름으로 그 기술에 대한 특허를 냅니다. 발명의 결실은 고용주가 모두 챙긴다는 것이 자본주의의 정의입니다. 정부가 발명의 재능에 대해 보상을 해주어야겠다는 생각을 하게 되더라도 실제로 훈장을 받는 사람은 고용주입니다. 노동자는 아무리 창의력이 풍부하다 해도 지식인이 아니며, 그저 기름때가 묻은 검은색 숫자로만 구분되는 가운데 기계 취급을 받으면서 작업을 해야 합니다. 게다가 지금과 같은 자본주의 세상에서는 아주 적은 양의 대가에 만족해야 합니다. 자신의 발명이 고용주에게 부와 명예를 안겨줬다는 생각으로 가난에 찌든 자신을 달래야 합니다.

자본가계급은 부를 늘리기 위해 신기술을 절실하게 필요로 하지만, 신기술의 응용과정을 감독하고 그 기술이 적용된 산업용 기계류를 운용하는 일을 담당할 지식인도 절실하게 필요로 합니다. 자본가들은 발명공장을 갖추기 전에 이미 지식인 양성공장을 만들었습니다. 돌퓌와 슈외러-케스트너를 비롯한 알자스 지역의 고용주들은 전쟁 이전의 프랑스에서 가장 지적이고 박애적이며, 따라서 가장 혹독한 착취자였습니다. 그들은 여유자금으로 뮐루즈에 설계, 화학, 물리학을 가르치는 학교를 설립했고, 자기들이 고용하고 있는 노동자의 자녀 가운데 가장 똑똑한 아이들을 골라 거기서 무료로 가르쳤습니다. 이는 자기들의 공장을 지속적으로 운영해나가는 데 필요한 지적인 인력을 충분히 확보하기 위해서였습니다. 20년 전에 그곳의 학교 교장들이 파리 시의 회를 설득해 시립 화학학교와 시립 물리학교를 설립하게 했습니다. 지금도 그런지는 잘 모르겠지만, 초창기에는 이들 학교가 보통학교에 재학 중인 학생들 가운에 일부를 선발해 무상으로 고등교육을 시켰습니다. 학교에서 학생들에게 점심식사를 제공했고, 학생들의 부모에게도 매월 50프랑씩의 돈을 지급했습니다. 그 돈은 아이들이 학교에 다니느라 일터에 나가 일하지 못하게 됨으로써 발생한 손실에 대해 그 부모에게 제공하는 일종의 보상이었습니다.

1790년에 제헌의회의 연단에서 푸코 후작은 노동자에게는 읽고 쓰는 능력이 필요 없다고 주장했습니다. 하지만 산업생산에서 필요로 하는 바에 따라 오늘날의 자본가들은 전혀 다른 주장을 합니다. 그들은 인류와 학문에 대한 사랑 때문이 아니라 바로 자신들의 경제적 이익 때문에 초등교육과 고등교육을 장려하고 확대해야 한다고 주장합니다.

　고대 로마시대의 노예상인들도 마찬가지 이유에서 교육을 후원했습니다. 노예라는 인간상품 가운데 상대적으로 더 똑똑한 부류에게 의학, 철학, 그리스 문학, 음악, 과학 등을 가르쳤습니다. 교육을 받은 노예는 시장가치가 올라갔습니다. 요리 전문가가 된 노예는 의사, 철학자, 문학가가 된 노예보다 값이 더 비쌌습니다. 오늘날에도 사정은 마찬가지입니다. 국가가 인문학 분야의 교수에게 지급하는 보수보다 부유한 자본가가 자신의 수석 요리사에게 지급하는 보수가 훨씬 더 많습니다. 교수가 학술원 회원이라 해도 마찬가지입니다. 하지만 로마시대의 노예상인들과 달리 오늘날의 자본가들은 오로지 지적 능력의 가격을 낮추려는 의도에서만 교육의 기회를 풍부하게 제공합니다.

　그리스신화에 미다스 왕 이야기가 나옵니다. 그는 무엇이든 만지기만 하면 황금으로 바꿀 수 있는 재능을 얻게 됐다고 합니다. 그런데 자본가계급에게도 이와 비슷한 재주가 있습니다. 그들이 만지는 것은 무엇이든 상품이 됩니다. 지적 능력도 그들이 만지면 상품이 됩니다. 화학자, 공학자, 라틴어 학자 등이 마치 암탕나귀나 새똥거름처럼 팔립니다.

　이렇게 말씀하시는 분도 있을 것입니다. "자본가들은 의원도 산다"고…. 내다팔 만한 쇠기름이나 송아지 고기나 양말을 갖고 있지 않은 사람에게도 양심과 투표권은 있으므로 그런 사람이 의원이 되면 자본가들에게 팔린 것과 같습니다.

　지적 능력이 상품으로 바뀌면 다른 상품과 동일한 취급을 받습니다. 시장에 굴이 많이 출하되면 굴의 가격이 떨어집니다. 반면에 공급되는 물량이 부족해지면 가격이 오릅니다. 노동시장에 화학자와 공학자의 수가 많으면 그들의 가격이 떨어집니다. 현재 중앙기술학교와 물리화학학교에서 연간 수십 명씩을 파리 시내에 쏟아내기 때문에 그들의 가격이 상당히 많이 떨어졌습니다. 20년 전만 해도 자본가들은 화학자에게 합리적인 보수를 지불했습니다. 1년 단위로 계약을 갱신하면서 월 100~200달러를 지급했던 것입니다. 임금수준은 고용주가 피고용자를 대하는 태도의 척도이므로 그토록 몸값이 비싼 화학자에게는 고용주가 공손한 태도와 배려를 아끼지 않았을 것입니다. 하지만 화학자의 수가 많아지면서 그들의 몸값이 월 40~50달러로 하락했습니다. 북부지역에서는 계약도 1년 단위가 아니라 사탕무 수확철에만, 그러니까 3~4개월 동안만 화학자를 고용했다가 다른 노동자들과 함께 해고해버립니다. 고용주는 이렇게 말합니다. "이제는 스스로 살길을 찾아봐. 내년 가을 사탕무 수확철에는 설탕 제조공정 감독을 맡길 화학자를 달리 얼마든지 구할 수 있을 테니까."

화학자의 경우는 이례적인 상황이 아닙니다. 모든 분야에서 지식인이 과잉생산되고 있다는 사실을 여러분은 잘 아시리라 생각합니다. 어떤 일자리에 공석이 하나 생기면 수십, 수백 명이 절박한 심정으로 지원합니다. 자본가들이 지식인의 몸값을 낮출 수 있게 해주는 것은 바로 이런 압력입니다. 심지어 육체노동자의 임금수준보다 지식인의 임금수준을 낮게 책정합니다.

가난은 노동자보다 지식인에게 더 가혹합니다. 가난은 정신적,

육체적으로 지식인을 멍들게 합니다. 어려서부터 힘겹게 살면서 거리와 상점을 전전해온 노동자는 고달픈 삶을 견디는 데 익숙합니다. 하지만 지식인은 따뜻한 가정에서 자라나 대학의 담장 그늘 속에서 활력을 잃어버렸고, 신경이 지나치게 예민하고 얼굴이 창백합니다. 노동자가 아무런 생각 없이 견디는 일을 지식인은 고통스러운 충격으로 받아들입니다. 지식인이 임금노동자와 같은 절박한 삶을 살게 되면 그의 정신적 존재 깊숙한 곳이 상하게 됩니다. 지식인은 노동자와 동일한 임금을 받아도, 아니 노동자보다 조금 더 많은 정도의 임금을 받아도 노동자보다 경제상황이 열악합니다. 왜냐하면 노동자는 얼마든지 싼 옷을 입을 수 있지만 지식인은 자기가 일하는 일터의 고용주나 상관의 눈에 거슬리지 않기 위해 비싸고 고상한 옷을 입어야 합니다. 식비를 아껴서라도 옷을 사야 하는 것입니다.

자본가들은 지식인의 경제적 수준을 육체노동자 이하로 떨어뜨렸습니다. 18세기에 부르주아 혁명으로 나아가는 길을 그토록 멋들어지게 닦아준 지식인에 대한 보상이 이렇습니다.

조레스는 《프랑스혁명의 사회주의적 역사》의 서문에서 이렇게 말합니다. "지적인 부르주아들은 야만적이고 상업적인 사회에 분개하고 부르주아 권력에 환멸을 느끼기에 사회주의를 지지하는 쪽으로 뭉친다." 그러나 유감스럽게도 이것처럼 부정확한 말도 없을 것입니다. 지식인이라면 지적 능력이 상품으로 전환되는 것에 대해 분노해야 마땅함에도 그저 무관심한 태도만 보일 뿐이기 때문입니다. 고대의 아테네와 로마공화국에서는 어떤 자유로운 시민도 이러한 굴욕을 당하고만 있지 않았습니다. 키케로는 자유로운 시민이 자신의 노동을 파는 것은 자신을 노예상태로 전락시키는 행위라고 말했습니다. 소크라테스와 플라톤은 철학적 가르침에 대한 대가를 요구하는 소피스트들에 대해 분개했습니다. 소크라테스와 플라톤에게 사상이란 지극히 고귀한 것이기에 당근이나 신발처럼 사고 팔 수 있는 것이 아니었기 때문입니다. 심지어 1789년에 프랑스의 한 성직자는 예배를 주재하는 일에 대해 보수를 지급하겠다는 제안을 받게 되자 그것을 크나큰 모욕으로 여겨 거부했습니다. 하지만 우리 시대의 지식인은 그러한 굴욕에 익숙해져만 갑니다.

상업주의에 물든 지식인은 자신의 지적 상품을 높은 값에 팔 수 있어야 지기 자신과 사회에 대해 가장 만족합니다. 그들은 자신의 지적 상품이 판매되는 가격을 자신의 가치에 대한 척도로 삼을 지경에 이르렀습니다. 탁월한 문학적 지성의 으뜸가는 대명사인 졸라도 소설의 예술적 가치를 판매부수로 가늠한다고 합니다. 지적 상품의 판매 그 자체가 최우선적인 원칙이 됐습니다. 그래서 어떤 지식인에게든 사회주의에 대해 이야기를 하면 그 지식인은 그런 이야기에 들어있는 이론을 들여다보기에 앞서 사회주의 사회에서 지적 노동이 대가를 받게 되는가, 대가를 받는다면 육체노동과 동등한 대가를 받게 되는가부터 묻습니다.

어리석은 사람들입니다! 두 눈을 멀쩡히 뜨고도, 그 같은 굴욕적 평등을 수립한 것은 자본주의 부르주아지라는 사실을 보지 못합니다. 또한 부르주아지가 자기들의 재산을 늘리려고 지적 노동에 대한 임금수준을 육체노동에 대한 임금수준 이하로 낮췄다는 사실을 깨닫지 못합니다.

이렇듯 우유부단한 태도로 꽁무니나 빼려고 하는 허약한 지식인들에게만 의존해야 한다면 사회주의의 승리는 2000년까지, 아니 지구가 멸망할 때까지 연기될 것입니다. 최근 백여 년간의 역사를 살펴보면 우리가 이런 '신사'들에게 얼마만큼이나 기대할 수 있는지를 알 수 있습니다.

프랑스에서는 1789년부터 지극히 다양하고 상반되는 성격의 정부들이 꼬리를 물고 등장했습니다. 그리고 지식인들은 그때마다 아무런 주저 없이 서둘러 정부에 헌신적으로 봉사했습니다. 언론계, 의회, 경제계에 널려있는 한 푼어치도 안 되는 지식인들만을 이야기하는 게 아닙니다. 과학자, 대학교수, 학술원 회원들도 마찬가지입니다. 그들 가운데 고개를 높이 쳐들고 있는 자일수록 무릎은 더 낮게 꿇고 있었습니다.

학계의 대가들은 왕이나 황제와 대등하게 대화를 나눠야 함에도 임기가 정해진 장관에게서 공직과 특권을 사려고 명예를 팔아치웠습니다. 근대의 탁월한 천재인 퀴비에는 귀족집안 출신임에도 혁명 덕분에 25세의 나이로 박물관 교수에 임명됐습니다. 그러자 그는 충성을 맹세하고 공화국을 성심껏 섬겼습니다. 이런 식으로 그는 나폴레옹, 루이 18세, 샤를 10세, 루이 필립의 시대를 거치며 살았습니다. 루이 필립은 퀴비에에게 그가 굴종하는 데 대한 대가로 '최고귀족'이라는 지위를 일부러 만들어 부여했습니다.

정부의 성격을 가리지 않고 모든 정부를 다 무작정 섬기는 것만으로는 부족했던 모양입니다. 파스퇴르는 자신의 명성을 자본가들에게 바쳤습니다. 그 대가로 자본가들은 파스퇴르를 크레디 퐁시에 은행의 경영위원회 자리에 쥘 시몽을 비롯한 공작, 백작, 상원의원, 하원의원, 전직 장관들과 나란히 앉혔습니다. 은행의 덫으로 '양'을 잡는 일을 시킨 것입니다. 레셉스는 파나마 운하를 놓고 엄청난 사기행각을 모의하는 과정에서 학술원을 비롯한 학계, 문예계, 종교계 등에서 모든 고상한 부류는 다 끌어들였습니다.

우리가 시민적 용기와 도덕적 위엄의 모범을 찾아야 할 곳은 수세기에 걸친 자본가들의 억압으로 인해 타락하게 된 지식인들의 무리기 아닙니다. 그들은 전문적 지업인으로서의 계급의식도 갖고 있지 않습니다. 드레퓌스 사건이 터졌을 때 어떤 장관은 자기가 무슨 간수 정도밖에 안 되는 자인 양 종합기술학교의 화학교수 한 명을 퇴출시켰습니다. 그 교수가 자신의 견해를 공개적으로 표명하는 것을 통해 당시에 흔하지 않았던 용기를 보여줬기 때문입니다. 공장에서 고용주가 지나치게 독단적으로 종업원을 해고하면 그 종업원의 동료들은 불평을 늘어놓게 되고, 심지어는 일을 그만두기까지 합니다. 굶주린 채 거리에서 비참한 생활을 하게 되더라도 말입니다.

하지만 그 종합기술학교 교수의 동료들은 모두 다 말없이 고개만 조아렸습니다. 모두 두려움에 떨면서 몸을 움츠렸습니다. 특히 눈길을 끄는 점은 인권을 옹호한다는 무리에서 단 한 명의 드레퓌스 지지자도 나오지 않았다는 것입니다. 언론계에서도 같은 전문적 직업인으로서 단결해야 한다는 목소리를 낸 사람이 없었습니다. 늘 추상적인 윤리만 내세우는 지식인들이 노동계급과 사회주의당의 도덕적 경지에 이르려면 아직도 한참 멀었습니다.

학자들은 정부와 자본가들에게 자신들만 판 것이 아닙니다. 학문까지도 자본주의 부르주아지에게 팔아먹었습니다. 18세기에 귀족사회의 이데올로기적 토대를 파괴함으로써 사람들에게 혁명을 준비시켜야 할 필요가 있었을 때에는 학문이 '자유'라는 숭고한 사명을 완전히 수행했습니다. 당시의 학문은 혁명적이었습니다. 당시에 학문은 기독교와 제도권 철학을 거세게 공격했습니다. 그러나 승리를 거둔 부르주아지는 자기들이 쟁취한 권력의 바탕을 종교에 두기로 결정하고는 과학자, 철학자, 문학가 등에게 그들이 무너뜨린 것을 다시 일으켜 세우도록 요구했습니다. 그들은 이런 부르주아지의 요구에 열광적으로 호응했습니다. 그들은 스스로 파괴했던 것을 다시 구축했습니다. 그들은 과학적이고 감상적이며 낭만적인 논증으로 성부 하느님과 성자 예수와 성모 마리아의 존재를 입증했습니다. 19세기 초에 혁명가이자 유물론자였던 철학자, 과학자, 문학가 등이 반동주의자, 직관주의자, 가톨릭신자로 대거 돌변한 것은 역사에서 달리 유례를 찾아볼 수 없는 일이었습니다.

그러한 역행적인 움직임이 지금도 여전히 계속되고 있습니다. 프랭클린이 신에게서 번개를 빼앗고 다윈이 《종의 기원》을 통해 신에게서 세상의 조물주라는 역할마저 박탈해버리자 이런저런 학자, 대학교수, 학술원 회원 등이 플루랑스의 지도 아래 정부를 불쾌하게 만들면

서 사람들의 종교적 신념을 손상시키는 다원주의 이론을 파괴하고자
했습니다. 플루랑스는 여든이라는 나이 때문에 그랬다고 이해라도 할
수 있습니다. 진화론을 완성하고 증명을 통해 진화론에 대한 비판을
물리친 학자는 다윈이지만 진화론을 창시한 사람은 라마르크와 조프
루아 생틸레르라고 할 수 있는데, 지식인들은 바로 이들 진화론 창시
자의 조국에서 위와 같은 꼴불견의 모습을 보인 것입니다.

오늘날 종교계의 불안증세가 다소 완화되자 학자들이 진화론에
대한 믿음을 과감하게 표명하기 시작했습니다. 사실 그들은 그동안에
도 진화론에 대해 반대할 때마다 어김없이 학자로서 양심의 가책을 느
꼈던 것입니다. 그런데 그 내용을 들여다보면 이제 학자들은 자본가의
후원을 계속 받기 위해서 사회주의에 대치시키는 방향으로 진화론을
주장했습니다. 허버트 스펜서와 에른스트 헤켈을 비롯한 저명한 다윈
주의자들은 사람이 개인별로 부자와 가난한 자, 노는 자와 일하는 자,
자본가와 임금노동자 등으로 구분되는 것은 신의 의지와 정의의 실현
이라기보다 필연적인 자연법칙의 결과라고 주장합니다. 아울러 인간
의 신체기관을 차별화하는 자연선택이 사회적 신체의 지위와 기능도
영원히 고정시킨다고 말합니다. 그들은 노예근성으로 말미암아 논리
적 정신마저 잃어버렸습니다. 그들은 아리스토텔레스에 대해 분개합
니다. 아리스토텔레스가 노예제도의 폐지를 생각하기는커녕 노예는
타고나는 것이라고 말했다는 이유에서입니다. 하지만 자연선택을 통
해 각 개인의 사회적 위치가 지정된다는 자신들의 주장 역시 그와 같
은 정도로 터무니없는 소리라는 사실을 그 학자들은 깨닫지 못합니다.

이리하여 이제는 신이나 종교가 아닌 과학이 노동자를 비참하게 만들고 있습니다. 역사적으로 지성의 기만과 파탄이 지금처럼 심한 때도 없었습니다.

브륀티에르(프랑스의 문명사가이자 비평가인 페르디낭 부륀티에르를 가리킴—옮긴이)는 자신이 타락했다는 사실을 깨닫지 못한 채 노예적 과업을 즐겁게 수행하는 지식인 가운데 한 사람입니다. 하지만 과학이 실패했다는 그의 말은 타당합니다. 그는 과학의 파탄이 심각한 수준이라는 데 대해 의심하지 않습니다.

위대한 해방자인 과학은 자연의 힘을 길들임으로써 인간을 고역에서 해방시키고 인간이 심신의 기능을 자유롭게 발달시킬 수 있게 해주었습니다. 그러나 과학은 자본의 노예로 전락한 뒤로는 자본가가 부를 늘리고 노동계급에 대한 착취를 강화하는 데 사용할 수단을 제공해왔을 뿐입니다. 산업분야에 훌륭하게 적용된 과학기술은 노동계급의 가정에 과로와 궁핍만을 가져다주었습니다. 1789년에 중산계급의 혁명당은 개구리가 우는 소리가 듣기 싫다고 농노들에게 여름 밤 내내 성 주변의 연못을 휘젓는 일을 시킨 지주들을 비난했습니다. 그 혁명당이 지금의 상황을 목격한다면 뭐라고 말하겠습니까? 자본가의 시대가 되자 조명기술이 발달했습니다. 지난 세기가 끝나갈 무렵에 아르강과 카르셀이 공기의 이중흐름을 일으켜 활용하는 방식의 등을 발명했습니다. 금세기 초에는 슈브뢸이 양초를 발명했고, 이어 가스와 석유가 발견되고 전등이 등장함으로써 밤을 낮처럼 밝힐 수 있게 됐습니다. 그런데 조명과 관련된 이런 과학기술의 발전이 노동자들에게 무슨

혜택을 가져다주었습니까? 고용주들은 프롤레타리아 수백만 명에게 야간작업을 시킬 수 있게 됐습니다. 한여름 밤에 선선한 바람이 부는 들판에서 일하는 것이 아닙니다. 여름 겨울 할 것 없이 작업장과 공장에서 해로운 공기를 들이마시며 밤새 일하게 됐습니다. 역학과 화학의 기술이 산업에 적용되면서 그 전에는 장인들이 흥미를 느끼면서 즐거운 마음으로 하던 작업이 이제는 프롤레타리아를 녹초로 만들고 심지어는 죽음에 이르게도 하는 고문으로 변했습니다.

자연의 힘을 정복해서 인간에게 봉사하게 만드는 것이 과학이라면 그 과학은 노동자에게 육체적, 지적 발전을 할 수 있도록 여가를 마련해줬어야 하지 않겠습니까? '눈물의 계곡'이라는 이 세상을 평화와 기쁨이 가득한 곳으로 만들어줬어야 하지 않겠습니까? 여러분에게 묻고 싶습니다. 과학은 '해방'이라는 임무의 수행에 실패한 것 아닙니까?

아무리 둔한 자본가라도 이러한 실패를 잘 알고 있습니다. 그래서 그들은 경제학자들을 비롯해 자기들이 거느리고 있는 지적 하인들에게 다음과 같은 명제를 노동계급에게 증명해주라고 지시합니다. "노동계급이 지금처럼 행복한 적은 없었다. 노동계급의 삶은 계속 향상될 것이다."

경제학자들은 자본가의 은총을 누리려면 경제적 사실을 왜곡하는 것만으로는 부족하다고 판단했습니다. 그래서 그들은 자본의 지배에 위협이 되는 경제학을 억누르고 있습니다. 애덤 스미스와 데이비드 리카도 이래로 경제학자들은 가치에 대해, 그리고 약탈적인 동시에 게으른 자본가의 생산성에 대해 같은 잘못을 거듭 저질러왔습니다. 자본가들을 투기의 길로 이끄는 자료와 통계수치나 모으면서 말입니다. 하지만 그들은 그렇게 축적한 자료를 토대로 감히 어떤 결론을 끌어내거나 이론체계를 구축하지는 못합니다. 리카도의 시대에는 근대적 생산이라는 현상이 초기단계에 있었기에 공산주의적인 경향은 나타나지 않았으므로 경제학자들이 어느 편도 들지 않고 연구를 할 수 있었고, 자본가의 이익에 흠집을 내게 될지도 모른다는 우려를 하지 않고도 나름대로 이론체계를 구축할 수 있었습니다. 그러나 이제는 근대적 생산양식이 완전한 성숙단계에 이르면서 공산주의적인 경향도 뚜렷하게 나타나고 있기 때문에 경제학자들이 바라봐서는 안 될 내용에는 눈을 감아버린 채 리카도가 확립한 원리에 맞서 싸우고 있습니다. 과거에 부르주아 경제의 초석 역할을 했던 리카도의 이론이 이번에는 마르크스 경제학의 출발점이 됐기 때문입니다. 이제는 사회주의 이론을 공격하고 자본가에게 봉사하면서 모조품을 파는 호객꾼처럼 떠들어대는 일이야말로 경제학자들의 지적 기능이 됐습니다. 최근에는 은광 소유주들이 경제학자들에게 금은 복본위제를 찬양하라고 주문했습니다. 그런가 하면 세실 로즈, 바나토, 베이트 등 도적의 무리는 트란스발 지역의 금광사업을 활성화시키려고 경제학자들을 끌어들였습니다.

예술과 문학 분야의 지식인들은 과거 봉건시대의 궁정광대처럼 자신에게 돈을 지불하는 계급에게 여흥거리를 제공합니다. 자본가의 취향을 충족시키고 자본가의 여가시간을 즐겁게 만들어주는 것이 그들의 유일한 예술적 목표입니다. 문인들은 이런 비굴한 의무를 수행하느라 망가질 대로 망가져버렸기에 그들의 위대한 선배인 몰리에르가 남긴 작품의 자구는 존경심을 갖고 떠받들지만 그의 정신을 이해하지는 못합니다. 몰리에르는 프랑스에서 가장 많이 인용되는 작가입니다. 학자들은 몰리에르의 유별나고 조심성 없던 청년기와 관련된 사실들의 흩어진 파편을 모으는 데, 그리고 그의 희곡작품이 연극으로 공연된 날짜와 시간을 정확하게 파악하는 데 몰두해왔습니다. 진짜 몰리에르의 똥 한 덩어리라도 땅속에서 파내게 된다면 그것을 황금으로 치장하고 그것에 열렬하게 입을 맞출 사람들입니다. 그러나 그들의 눈에 몰리에르의 정신은 보이지 않습니다. 여러분은 나처럼 몰리에르의 희곡에 대한 평론을 여러 편 읽어보았을 것입니다. 그런데 몰리에르라는 전투적인 극작가가 수행한 역할을 명쾌하게 밝혀낸 글을 본 적이 있습니까? 보마르세(18세기 프랑스의 극작가—옮긴이)와 혁명의 시대보다 백년 이상 앞선 시기에 몰리에르는 막강한 군주가 있는 베르사유 궁전에서 궁정귀족과 지방귀족들을 풍자했고, 데카르트 같은 인물을 벌벌 떨게 하던 교회를 공격했으며, 세속의 교회라고 할 수 있는 소르본대학에서 아무도 그 권위를 의심하지 않던 아리스토텔레스를 조롱했습니다. 또한 몰리에르는 피로니즘(고대 그리스의 철학자 피론에서 비롯된 회의주의, 즉 모든 것을 회의하고 일체의 판단을 하지 말아야 한다는 사상—옮긴이)을 비웃었습니다. 피로니즘은 오늘날에는 신칸트주의자들이 마르크스주의의 사회주의 유물론 철학에 맞세우는 이론이지만, 몰리에르의 시대에는 자신의 힘으로 지식을 구하려는 오만한 인간의 이성을 공격해 무너뜨리려고 가톨릭교회, 파스칼, 그리고 아브랑슈의 위에 주교 등이 사용하는 무기였습니다. 칸트보다 먼저 등장한 칸트주의자라고 할 수 있는 그들은 "가련하고 한심한 인간의 이성이여, 그대는 신앙의 도움 없이는 아무것도 알 수 없다!"고 외쳤습니다. 몰리에르는 유럽의 문학에서 독보적인 인물입니다. 그에 필적할 만한 인물을 찾으려면 아리스토파네스가 있었던 찬란한 아테네 시대로까지 거슬러 올라가야 합니다.

설령 부르주아 비평가들이 몰리에르의 이러한 면을 조심스럽게나마 언급한다 해도 그들의 무지함이 감춰지는 것은 아닙니다. 몰리에르는 자신이 속한 계급, 즉 부르주아계급의 대변자였습니다. 오늘날 사회주의자가 노동자들에게 "당신들을 죽이려 들거나 기만하는 자유주의 부르주아지와 결별하라"고 말하듯이 당시에 몰리에르는 조르주 당댕(몰리에르의 희곡작품 《조르주 당댕》에 나오는 주인공―옮긴이)과 같은 자들과 '부르주아 귀족'들에게 이렇게 외쳤습니다. "당신들을 속이고 조롱하고 약탈하는 귀족을 전염병처럼 여기고 피하라."

위대한 부르주아 자본가는 손으로나 머리로나 일하기를 선택하지 않습니다. 그저 먹고 마시고 음탕한 짓이나 합니다. 꼴사납고 거추장스럽게 보이는 사치를 누리면서 근엄하게 보이고자 합니다. 그들은 정치에는 관여하려고도 하지 않습니다. 로스차일드, 레셉스, 밴더빌트, 카네기, 록펠러 같은 사람들은 공직에 출마하려고 하지 않습니다. 그들은 유권자를 매수하는 것보다 정치인을 매수하는 쪽이 더 경제적이고, 의회에서 벌어지는 싸움판에 끼어드는 것보다 각 부처에 심복을 심어놓는 쪽이 더 편리하다는 사실을 알고 있습니다. 큰손 자본가들은 주식

거래에만 관심이 있습니다. 주식거래에서 도박을 하는 즐거움을 얻게 되기 때문입니다. 그들은 이러한 행위를 '예측투자(speculation)'라는 과장된 이름으로 부릅니다. 이 단어는 원래 가장 높은 수준의 철학적 또는 수학적 '사색'을 가리키는 말이었습니다. 자본가들은 상공업을 영위하는 대기업에서 감독과 경영을 하는 일을 지식인들에게 맡기고 상당한 보수를 지급합니다. 산업과 정치 분야의 지식인들은 임금노동자계급 가운데 특권층으로서 자기들 스스로는 자본가계급과 분리될 수 없는 한 몸이라고 생각합니다. 그러나 그들은 기껏해야 자본가의 하인일 따름입니다. 그들은 노동자계급을 최악의 적으로 보고, 언제나 노동자계급에 맞서 자본가를 방어해줍니다.

이런 종류의 지식인은 결코 사회주의로 나아갈 수 없습니다. 자기의 이해관계가 자본가의 이해관계와 너무나 긴밀하게 얽혀 있기에 자본가를 등질 수 없기 때문입니다. 하지만 특권을 누리는 이런 소수의 지식인들 밑에 굶주리는 지식인들의 무리가 넘쳐납니다. 그들의 수가 늘어날수록 그들의 삶이 더 힘들어집니다. 그들은 사회주의에 소속될 수 있고, 이미 우리와 같은 대열 속에 있었어야 할 사람들입니다.

그들은 교육을 통해 사회문제를 다루는 데 필요한 지성을 함양해야 했습니다. 그러나 그들은 바로 그 교육 때문에 사회주의자들의 목소리에 귀를 기울이지 못하게 되고, 오히려 사회주의로부터 멀어져갑니다. 그들은 각자 자기는 교육을 통해 사회적 특권을 확보하고 자력으로 성공할 수 있다고 생각합니다. 이는 각자가 이웃을 밀어내거나 모든 다른 사람의 어깨를 짓밟고 올라서는 것을 통해 자기의 삶을 꾸려간다는 사고방식입니다. 아울러 자기의 가난은 일시적인 현상이라고 여기고, 단 한 번의 행운만 있으면 자기도 자본가가 되리라고 그들은 상상합니다. 그들에게 교육은 사회적 복권에서 자기를 당첨시켜줄, 그리하여 자기에게 영예를 안겨줄 행운의 숫자입니다. 그들은 자본가 계급이 자기 손에 쥐어준 그 티켓이 사기라는 사실을 깨닫지 못합니다. 그들은 육체노동이든 지적노동이든 노동은 쥐꼬리만한 생활비만 얻게 해줄 따름이라는 사실을 모릅니다. 그들은 그렇게 해서는 희망할 수 있는 것이 없으며, 자기가 착취당하기만 한다는 사실을 알아차리지 못합니다. 그들은 자본주의가 발달할수록 자기가 현재의 계급에서 벗어나 더 높은 계급으로 올라가기가 더 어려워진다는 사실을 모릅니다.

지식인들이 이와 같이 허황된 생각에 빠져 있는 동안에 자본은 소상공인들에게 그랬듯이 지식인들을 짓뭉갭니다. 소상공인들도 신용을 자유롭게 쓸 수 있게 되고 약간의 운만 곁들여지면 자기도 나라의 채권자 명부에 이름이 기재되는 일류 자본가가 될 수 있다고 생각했습니다.

사회운동에 대한 이해와 관련된 모든 것에서 지식인들은 1830년의 실패자들을 한껏 비웃던, 그리고 파멸한 뒤에 프롤레타리아에 흡수된 뒤에도 계속해서 사회주의를 혐오하던 프티부르주아들의 지적 수준을 넘어서지 못합니다. 재산이라는 종교로 인해 그들의 정신은 이 정도로까지 삐뚤어졌습니다. 머릿속이 온통 부르주아계급의 편견으로 가득 찬 오늘날의 지식인은 적어도 총포는 두려워하지 않았던 1830년과 1848년의 프티부르주아보다 열등합니다. 오늘날의 지식인은 프티부르주아가 갖고 있었던 전투적 정신을 결여하고 있는, 정말로 '어리석은(imbecile, 이 말의 라틴어 어원은 '전쟁에 적합하지 못한'이라는 뜻이다―옮긴이)' 자들입니다. 그들은 아무런 저항도 하지 않고, 퇴짜를 맞아도 참고 부당한 대우를 받아도 그냥 견딥니다. 그들은 자기들의 이익을 지키고 경제의 전장에서 자본에 맞서 싸우기 위해 단결할 생각은 하지 않습니다.

우리가 아는 지적인 프롤레타리아는 최근에 자라났고, 특히 지난 40년 동안에 눈에 띄게 발전했습니다. 코뮌에 연루된 죄수들에 대해 사면조치가 단행된 뒤로 우리는 사회주의 선전활동을 재개했습니다. 이제는 지식인들을 운동에 끌어들이기가 쉽게 됐다고 생각했기 때문입니다. 그래서 우리는 그들의 문화가 깃든 라틴구역에 거주지를 마련했습니다. 게드(프랑스의 초기 마르크스주의 지도자 쥘 게드를 가리킴―옮긴이)는 라피티에 거리에서, 바양은 몽주 거리에서, 그리고 저는 포르루아얄 거리에서 집을 구했습니다. 우리는 법학도, 의학도, 과학도 등 수백 명의 젊은이를 만났습니다. 하지만 사회주의 진영에 참여한 사람 수를 세어보면 몇 명 안 됐습니다. 오늘은 우리의 사상에 공감하다가도 내일이면 다른 방향으로 시선을 돌리는 사람이 많았습니다.

제국의 시대에 보르도 지방의 명망 있는 상인이자 시의회 의원이었던 사람이 아들이 사회주의자인 것을 곤혹스러워하시던 저의 아버지에게 이렇게 말한 적이 있습니다. "이 친구야, 그냥 자기 길을 가라고 내버려둬. 나도 파리에서 공부하던 시절에는 사회주의자였어. 비밀모임에 참석했고, 루이 필립에게 바르베스(19세기 프랑스의 혁명가―

옮긴이)의 사면을 요구하는 운동에 가담하기도 했지." 우리 시대의 청년들은 쉽게 변합니다. 그들을 집으로 보내면 아랫배가 튀어나온 반동주의자가 됩니다.

우리는 조레스의 사회주의 참여를 즐거운 마음으로 환영했습니다. 그는 우리의 선전활동에 새로운 방식을 도입했고, 우리는 그 방식을 통해 과거에는 접근하지 못했던 서클에까지 침투할 수 있으리라고 생각했습니다. 실제로 조레스는 대학의 서클에 뚜렷한 인상을 남겼습니다. 에콜 노르말의 풋내기 학생들이 사회운동에 관한 사상을 갖게 된 것도 어느 정도는 조레스 덕분입니다. 에콜 노르말의 학생들이 갖게 된 사회운동 사상은 그동안 그들로 하여금 자신의 학식과 지성에 자족하게 했던 다른 사상들보다는 조금 덜 어리석고 덜 모호합니다. 그러나 최근에 그들은 노동계급 추종자들을 잃어버린 급진적 정치인들과 연합해 사회주의당을 공격했습니다. 그들의 의도는 지극히 단순합니다. 평온한 생활습관 때문에 투쟁에 가담하지는 못하더라도, 그리고 고상한 문화 때문에 동지들과 함께하지는 못하더라도 우리에게 윤리를 지도하겠다는 것입니다. 우리의 무지를 타파해주겠다는 것입니다. 우리에게 생각하는 방식을 가르치겠다는 것입니다. 우리가 소화할 만한 지식부스러기를 던져주겠다는 것입니다. 우리를 지도하겠다는 것입니다. 그야말로 겸손하게도 그들은 우리의 지도자와 선생님이 되겠다고 합니다.

문학, 철학, 의학 등의 전문가를 양성하는 대학에서 젊은 시절을 보낸 그 지식인들은 강의를 한 번 듣거나 팸플릿 하나만 대충 읽으면 자기가 쉽사리 사회주의 이론의 대가가 될 거라고 상상합니다. 연체동물의 습성이나 산호초에서 군락을 이루고 사는 폴립의 습성을 알려면 힘겨운 연구가 요구된다고 생각하는 동물학자들이 인류사회를 규율하는 지식은 자기가 많이 갖고 있다고 생각합니다. 그들은 동물의 진화 사다리에 첫 발을 올려놓기만 하면 인류의 이상을 더 잘 파악할 수 있으리라고 여깁니다. 철학자, 도덕가, 역사가, 정치인들도 마찬가지로 높은 목표를 갖고 있습니다. 그들은 그동안 모든 자본주의 국가에서 사회주의당의 수적 성장과 단결, 그리고 규율 강화에 도움이 되긴 했지만 여전히 불완전한 이론과 전술을 대체할 새로운 사상과 행동방식을 제시합니다.

그 사회주의 선생들은 계급투쟁은 이제 한물갔다고 선언합니다. "각 계급 사이의 선을 명확하게 그을 수 있는가? 노동자도 은행에 20달러, 30달러, 100달러를 예금해놓고 연간 50센트, 1달러 50센트, 3달러씩 이자를 받고 있지 않은가? 광산, 철도, 은행의 경영자도 자본가의 이익을 위해 업무를 수행하는 임금노동자가 아닌가?" 이런 주장에 대해서는 반론이 불가능합니다. 하지만 같은 이치로 말한다면, 식물의 왕국이나 동물의 왕국 따위도 없게 됩니다. 접점에서는 동물과 식물이 뒤섞이기 때문에 말하자면 도끼로 찍듯 분명하게 분류할 수 없습니다. 밤과 낮도 정확하게 구분할 수 없습니다. 지구의 모든 곳에서 동시에 해가 뜨는 것은 아니기 때문입니다. 여기가 밤이면 지구의 반대편은 낮입니다.

자본의 집중? 그것은 흘러간 1850년의 노래일 따름이라고 그들은 말합니다. 기업은 주식과 채권을 이용해 재산을 쪼개어 시민들에게 분배합니다. 근본적으로 자본주의적인 이 새로운 재산형태가 자본가들로 하여금 사람들의 빈약한 지갑에서 마지막 은화 한 닢마저 훔쳐갈 수 있게 한다고 생각한 우리는 당파주의에 눈이 멀어서 그렇게 생각한 것일까요?

노동계급의 가난? 가난은 줄어들고 있으며 곧 사라진다고 그들은 말합니다. 이자율이 계속 떨어지는 반면에 임금은 계속 오르기 때문이랍니다. 어느 화창한 날에 이자율이 마침내 '0'으로 떨어지고 기쁨에 넘친 부르주아들이 애지중지해온 자본을 사회주의의 제단에 바친다는 겁니다. 그 다음날 또는 그 다음다음날부터 자본가들은 일을 하지 않을 수 없게 된다고 발데크-루소(19세기 프랑스의 정치가—옮긴이)는 예상합니다. 자본주의가 발전하는 만큼 상태가 더 나빠지는 지식인들이 있습니다. 자기를 고용해준 자본가의 말만 믿고 바보가 된 그들은 임금노동자의 지위가 향상되고 있다고 확신하고 있습니다. 정치경제학을 좀 안다고 자부하는 지식인들이 있는데, 그들도 이자율이 급격하게 하락하는 추세라고 확신합니다. 이와 같은 사회주의 개혁가들은 18세기 말에 애덤 스미스가 리스크 없이 굴러가는 자본에 대한 정상적인 이자율을 3퍼센트로 계산했다는 사실, 그리고 우리 시대의 자본가들도 여전히 이자율이 변동하더라도 대체로 3퍼센트 선을 유지해야 한다고 생각한다는 사실을 아마도 모르는 모양입니다. 이자율은 몇 년 전만 해도 2.5퍼센트 밑으로 떨어지는 듯했지만 지금은 3퍼센트를 웃돌고 있습니다. 자본은 지적 능력이나 당근과 마찬가지로 일종의 상품입니다. 따라서 자본도 수요와 공급의 변동에 종속됩니다. 예전에는 수요보다 공급이 많았습니다. 하지만 러시아에 공장이 세워지고 중국 시장이 유럽을 향해 열리는 등의 변화가 그동안 초과공급된 자본을 흡수했고, 이에 따라 자본이 부족해지면서 그 가격이 올랐습니다. 그러나 지식인들은 생각해야 할 자질구레한 문제와 듣기 좋게 다듬어야 할 구절이 너무 많았기에 경제현실에 주목할 여유가 없었습니다. 그들은 자본가의 거짓말을 모두 진실이라고 믿었고, 교회의 케케묵은 기도문과 같은 정통 경제학을 경건하게 믿으며 되뇌었습니다. "계급이란 없다. 부는 점점 더 공평하게 분배된다. 노동자는 갈수록 부자가 되고, 불로소득으로 사는 사람은 갈수록 가난해진다. 자본주의 사회는 최선의 사회형태다. 이러한 진실은 태양처럼 빛난다. 당파주의자와 신비주의자들을 제외하고는 누구도 이러한 진실을 부정할 수 없을 것이다."

이런 지식인들은 사회주의당에 전술과 이론을 수정하라고 제안합니다. 새로운 행동방식을 도입하라고 말합니다. 더 이상 대규모의 법적, 혁명적 투쟁으로 공권력을 무너뜨리려고 하지 말고 공화주의 연합정부의 장관들에게 굴복해야 한다고 주장합니다. 앞으로 사회주의당은 부르주아 당에 맞서지 말고 자유주의 당을 지원해야 한다고 주장합니다. 계급투쟁을 하려고 사회주의당을 조직해서는 안 되며, 정치인들의 모든 타협을 받아들이는 태도를 갖춰야 한다는 것입니다. 아울러 새로운 행동방식으로 성공하려면 사회주의당을 해체하고 그 낡은 체제를 타파해야 한다고 합니다. 또한 노동자들에게 계급이익에 대한 의식을 심어주고 정치적, 경제적 투쟁을 벌이는 하나의 당으로 그들을 묶어내기 위해 20년간 힘겹게 애써온 조직들을 다 파괴하자고 제안합니다.

그러나 지식인들의 그런 노력은 헛수고가 될 것입니다. 지금까지 그들은 그런 노력으로 오히려 여러 조직에 걸친 사회주의자들 사이의 유대관계를 긴밀하게 만듦으로써 스스로를 웃음거리로 만들었습니다.

지식인들은 자본주의 사회에 반발하는 다양한 집단들을 앞에서 선도하는 집단이 돼야 했으나 그러지를 못했습니다. 자본주의 사회에서는 그들이 각자의 희망이나 재능에 부합하지 않는 종속적 위치에 있게 되기 때문입니다. 그들은 자본주의 사회를 이해하지도 못합니다. 그들은 자본주의 사회에 대해 매우 혼란된 생각만 갖고 있습니다. 그렇기에 오귀스트 콩트나 르낭(19세기 프랑스의 사상가이자 문헌학자인 조세프 에르네스트 르낭을 가리킴―옮긴이) 같은 저명한 지식인들도 중국의 관료제를 본뜬 귀족제를 부활시키는 것이 지식인에게 유리할 것이라고 생각했습니다. 그러나 그러한 생각은 그들이 낡은 시대를 반영하는 머리를 갖고 있었다는 사실을 드러낸 것일 뿐입니다. 왜냐하면 그러한 생각만큼 근대사회의 움직임과 정면으로 충돌하는 것은 없기 때문입니다. 과거의 사회상태에서는 지식인들이 생산의 바깥에, 그리고 그 위에 하나의 세계를 구축하고 그 세계 속에서 교육, 종교, 정치, 행정만을 담당했습니다.

그러한 과거사회의 기계적 산업에서는 육체노동과 정신노동이 동일한 생산자 안에서 결합됐습니다. 가구를 예로 들면 제품의 설계와 조립, 원자재의 구매, 제품의 판매 등을 가구제작자 한 사람이 다 처리했습니다. 그러나 자본주의 생산은 단단히 결합돼 있었던 두 가지 기능을 분리시켰습니다. 한 쪽에는 육체노동자들이 있습니다. 그들은 점점 더 기계의 노예로 전락했습니다. 다른 한 쪽에는 공학자, 화학자, 경영자 등의 정신노동자들이 있습니다. 하지만 이 두 종류의 노동자들은 교육과 습관이 아무리 다르고, 더 나아가 상반되기까지 한다 해도 결국은 하나로 융합됩니다. 자본주의 산업은 지적인 임금노동자 없이는 운영되지 못하지만, 그 이상으로 육체노동자가 없어도 운영되지 못합니다.

육체노동자와 정신노동자는 생산과정에서 하나가 되고, 자본가의 착취라는 굴레 아래에서 하나가 되며, 따라서 공동의 적에 대항하는 데서도 하나가 돼야 합니다. 지식인들이 각자 자신의 이익을 진정으로 이해한다면 대부분 사회주의를 지향할 것입니다. 박애주의, 노동자의 비참한 생활에 대한 동정, 허세 혹은 속물근성 때문에 그러는 것이 아닙니다. 스스로를 구하기 위해, 아내와 아이들의 미래 복지를 확보하기 위해, 그리고 계급의 의무를 수행하기 위해서 그럴 것입니다. 육체노동자 동지들이 사회적인 전투를 벌이고 있는데 자신들은 후방으로 뒤처져있다는 사실에 대해 지식인들은 부끄러워해야 합니다. 지식인이 육체노동자에게 가르칠 것은 많습니다. 하지만 지식인이 육체노동자에게서 배워야 할 것은 더 많습니다. 육체노동자는 지식인보다 실천의 감각이 뛰어납니다. 아울러 육체노동자는 오늘날 자본주의에 나타나고 있는 공산주의 경향을 본능적 직관으로 간파합니다. 이러한 능력이 지식인에게는 없습니다. 지식인은 의식적으로 정신을 집중해야만 그런 생각에 도달할 수 있습니다. 지식인들이 자기 이익을 제대로 이해하기만 했어도, 자본가계급이 지식인들을 더 잘 착취하려고 그들에게 관대하게 베풀어준 교육을 그들이 거꾸로 이용해 자본가계급에 맞섰을 것입니다. 또한 그들은 자본가라는 주인을 부자로 만들어주고 있는 자기들의 지적 능력을 오히려 강력한 무기로 삼아 자본주의에 대항해 싸우고 자기가 속한 임금노동자계급의 자유를 쟁취하려고 했을 것입니다.

자본주의 생산은 삶과 일의 낡은 조건들을 허물어뜨리고 새로운 형식을 만들어냈습니다. 그 새로운 형식은 초자연적인 시력을 가진 사람이 아니라도 알아볼 수 있습니다. 하지만 지식인들은 마치 일곱 개의 봉인에 의해 갇혀 있는 듯 그 새로운 형식을 알아차리지 못합니다. 지성주의를 선도하는 뒤르켐은 대학가를 떠들썩하게 만든 《사회적 분업론》이라는 저서에서 고대 이집트 사회를 제외하고는 각각의 노동자가 일생토록 한 가지 일에만 매달리는 사회는 상상할 수 없다고 지적했습니다. 절망적일 정도로 근시안적인 에콜 노르말의 사고방식에 영향을 받을 정도로 불행한 사람이 아니라면 기계가 직업을 하나하나 없애버리고 결국에는 오로지 기계운전자라는 직업 하나만 남겨 두리라는 점을 깨닫게 될 것입니다. 아울러 기계가 그러한 혁명적 작업을 수행하고 사회주의자들이 자본주의 사회를 혁명하는 데 성공함으로써 그러한 혁명적 작업을 완성하면, 공산주의 사회의 생산자가 오늘은 기계로 밭을 갈거나 씨를 뿌리고 내일은 역시 기계로 실을 잣거나 목재와 철을 다듬는 식으로 모든 작업을 차례로 할 수 있게 되어 건강과 지성에 더 큰 이득을 얻게 되리라는 사실을 깨닫지 않을 수 없을 것입니다.

산업현장에 응용되는 역학, 화학, 물리학의 기술이 자본에 의해 독점되면 노동자를 억압하게 되지만, 그것이 공동의 재산이 되면 인간을 고역에서 해방시키고 인간에게 여가와 자유를 가져다줍니다.

자본가의 지시 아래서는 기계적 생산 때문에 노동자가 과로의 기간과 어쩔 수 없이 당하는 실업의 기간을 반복해서 겪지만, 공산주의 정부가 기계적 생산을 개선하고 규제한다면 사회가 정상적인 상태에서 필요로 하는 바를 충족시키는 선에서 생산이 이루어짐으로써 공장의 생산자가 하루에 길어봐야 두세 시간만 일을 하게 됩니다. 그리고 이와 같은 필수적인 사회적 노동이 끝나면 생산자는 육체적, 지적인 삶의 즐거움을 자유로이 누리게 될 것입니다.

예술가는 그림을 그리거나 노래를 부르거나 춤을 추고, 작가는 글을 쓰고, 음악가는 오페라를 작곡하고, 철학자는 사상체계를 구축하고, 화학자는 물질을 분석하게 될 것입니다. 그러나 그 모든 일은 돈을 벌거나 봉급을 받거나 박수갈채를 얻거나 올림픽 경기의 우승자처럼 월계관을 쓰기 위한 활동이 아니라 예술적, 학문적 열정을 충족시키는 활동일 것입니다. 이는 샴페인을 마시거나 애인에게 키스를 하는 것이 남에게 보이려고 하는 게 아닌 것과 같은 이치입니다. 예술가와 과학자들은 케플러라는 대학자가 다음과 같이 열정적으로 한 말을 되뇔 것입니다. "작센의 선제후가 아무리 많은 재산을 갖고 있다 한들 그것이

내가 《우주의 신비》를 집필하면서 맛본 쾌감만 하겠는가."

지식인들은 결국 자기들을 구해내자고, 자본가의 멍에에서 학문과 예술을 풀어주자고, 상업주의의 노예가 된 사상을 해방시키자고 외쳐대는 사회주의자들의 목소리를 듣게 되지 않겠습니까?

여성문제

1

여성은 가정에서 집안일을 처리하고, 남편의 시중을 들고, 자녀를 낳고 길러야 한다는 것이 예나 지금이나 부르주아들의 생각이다. 고대사회에서 부르주아지가 새롭게 등장하고 형태를 갖추던 시대의 크세노폰조차도 이상적인 여성에 대해 마찬가지의 견해를 밝혔다. 이러한 사고방식은 여러 세기에 걸쳐 지배적인 경제적인 조건과 상응했기에 합리적으로 보였는지 몰라도 그러한 조건이 사라진 지금에 와서는 기껏해야 하나의 이데올로기적 잔존물일 따름이다.

여성의 가정화란 기진맥진할 정도로 많은 집안일을 처리해야 한다는 의미다. 오늘날에는 가장 중요하면서도 힘겨운 가사노동, 예컨대 양털이나 아마로 실을 잣거나 옷감을 잘라 옷을 만들거나 세탁을 하거나 요리를 하는 등의 일을 자본주의 산업이 수행하고 있다. 아울러 여성의 가정화란 남편이 자본과 수입을 가족에게 갖다 바침으로써 가족이 물질적으로 필요로 하는 바를 충족시킨다는 의미다. 여유 있게 생활하는 부르주아에게 결혼은 인간 사이의 결합인 만큼이나 자본의 결합이기도 하며,[57] 아내가 남편보다 많은 자본을 제공하는 경우도 흔하다. 한편 소부르주아 집안의 경우에는 가장이 벌어들이는 돈이 너무 적기 때문에 자녀들이 회사나 철도국이나 은행이나 학교나 관청에서 일하면서 생계비를 벌어야 했다. 또한 남편의 수입이 생활비를 대기에 부족할 경우에는 젊은 아내가 일터에 나서야 했다.

따라서 소부르주아의 딸과 아내는 노동계급 여성과 마찬가지로 아버지, 남자형제, 남편과 경쟁관계를 이루었다. 이러한 경제적 대립은 과거에는 부르주아가 아내를 집안에 가두어 두는 것을 통해 방지했지만 이제는 일반적인 현상으로 자리를 잡았고, 자본주의적 생산방식이 발전함에 따라 더욱 심해지고 있다. 의사, 법률가, 문학가, 언론인, 과학자 등 그동안 남성이 독점해왔고 그 독점이 영원히 유지될 것이라고 여겨졌던 자유직업 분야에도 이러한 대립이 침투하게 됐다. 항상 그렇듯이 여성의 사회적 생산 참여라는 논리적 결론을 맨 처음 내린 것은 노동자들이었다. 아내에 대한 장인의 이상(가정주부일 뿐인 아내)을 그들의 새로운 이상(임금인상과 노동해방을 위한 경제적, 정치적 투쟁의 동반자)로 바꾸어 놓은 것이다.

부르주아지는 자신들의 이상이 이미 오래전에 낡은 것이 됐고, 그것을 새로운 사회환경에 부응하는 방향으로 재조정해야 한다는 사실을 아직 이해하지 못하고 있다. 그럼에도 19세기 전반부터 부르주아

여성들은 가정에서의 열등한 지위에 대해 항의하기 시작했다. 지참금
이 자신들을 남편과 동등한 지위에 올려놓는다고 하는데도 가정 안에
서 자신들이 열등한 지위에 있어야 한다는 것은 참을 수 없는 일이었

57 여성의 역사에서 지참금은 중요한 역할을 담당했다. 가부장제 시대의 초창기에는 남성이 여
성의 아버지에게 돈을 주고 딸을 샀다. 만약 어떠한 이유로든 남편이 아내를 내쫓아 친정으로
돌려보내게 되면 장인이 그 돈을 사위에게 환불해주어야 했다. 이렇게 되돌려지는 돈이 나중
에는 신부의 지참금이 됐고, 신부의 친정 집안은 지참금이 갑절로 커지는 상황에 익숙해졌다.
여성은 지참금을 지니고 남성의 가정에 편입됨으로써 그 순간부터 남성에 의해 내쫓기거나
팔리거나 죽임을 당할 수 있는 노예상태에서 벗어나는 셈이 됐다. 로마와 아테네에서는 지참
금이 남편의 재산에 대한 여성의 권리에 대한 담보의 역할을 했다. 아내가 쫓겨나거나 이혼을
당하는 경우에는 그 어떤 채권자보다 먼저 아내가 지참금을 돌려받았다. 에우리피데스가 남
긴 글 가운데 이런 구절이 있다. "여성이 가정에 들여오는 재산에서는 그 어떤 즐거움도 느낄
수 없다. 그것 때문에 이혼하는 것만 더 어려워지기 때문이다." 희극작가들은 지참금과 관련
된 소송에서 일격을 맞서 아내에게 의지하게 된 남편을 조롱했다. 플라우투스의 작품에 등장
하는 한 인물은 아내에 대해 험담하는 남편에게 이렇게 말한다. "자네는 지참금을 받았으니
자네의 권위를 이미 팔아버린 것 아닌가." 로마의 돈 많은 부인들은 지참금 관리를 남편에게
맡기지 않을 정도로 콧대가 높았다. 부인들은 아예 재산관리인에게 지참금을 맡겼다. 험담꾼
인 마르티알리스에 따르면 재산관리인들은 부인들에게 재산관리 이외의 봉사도 했다고 한
다.
  아내가 간통을 범하면 합법적인 이혼이 가능했지만 그때 남편은 지참금을 돌려주어야 했다.
그러나 남편들은 그렇게 고통스러운 극단적 상황을 맞기보다는 아내의 사소한 결함을 눈감아
주는 쪽을 선택했다. 로마와 아테네의 법은 간통한 아내에게 결혼의 신성함을 일깨워주기 위
해 매질을 할 수 있게 했다. 중국에서는 대나무로 발바닥을 몇 대 때렸다. 간통을 저지른 아내
를 남편이 내쫓기에는 법에 정해진 형벌이 약했고, 이런 점이 고려돼 남성적인 덕목을 뒷받침
하고자 아내의 부정을 신고하는 남편에게는 지참금의 일부를 챙기는 것이 허용됐다. 그러자
아내의 간통을 기대하면서 결혼을 하는 남성이 많이 생겨났다. 로마의 여성들은 감찰관이 관
리하는 창녀의 명단에 자기 이름을 등록하는 방식으로 이러한 법망을 피해갔다. 창녀에게는
그런 법조항이 적용되지 않았기 때문이다. 창녀의 명단에 이름을 올리는 기혼여성의 수가 급
증하자 티베리우스 황제 때 원로원이 '할아버지나 아버지나 남편이 귀족인 여성이 몸을 파는
것'을 금지하는 법을 통과시켰다(타키투스, 《연대기》, 2권). 18세기의 귀족사회에서와 마찬가
지로 고대의 귀족사회에서도 기혼여성의 간통은 일반적인 현상이었고, 일종의 사회적 관습으
로 자리 잡았다고 말할 수 있을 정도였다. 간통은 결혼의 부속물 또는 결혼에 대한 교정 정도
로 가볍게 여겨졌다.

다. 여성들은 자신들이 처해진 집안에서의 노예상태와 초라한 삶에 대해, 그리고 자신들이 정신적, 물질적 즐거움을 박탈당하는 것에 대해 항거했다. 그 가운데 대담한 부류는 자유연애를 요구하기에 이르렀고, 여성해방을 설파하는 이상주의자들과 결합했다.[58] 철학자와 도덕가들은 신성한 가정의 이익을 들이대면 여성운동을 막을 수 있다고 믿을 정도로 단순했다. 그들은 여성이 셔츠에 단추를 달고 헤진 양말을 꿰매는 등의 가사노동에 전념하지 않으면 신성한 가족의 이익이 보호될 수 없다고 주장했다. 여성의 의무는 이렇듯 눈에 잘 띄지 않고 보상도 없는 노동에 몸을 바침으로써 남성이 명민하고 우월한 능력을 충분히 발휘하도록 뒷받침하는 것이라고 그들은 주장했다. 그런데 반항적인 여성들에게 가정숭배를 가르치려고 했던 철학자들은 같은 입으로 여성들에게 벽난로와 아이의 요람 곁을 떠나 공장에서 노동을 하도록 강요했고, 노동계급의 가정을 파괴하는 자본주의 산업을 찬양했다.

부르주아 여성들은 이런 경건한 철학자들의 어리석고도 도덕적인 설교를 비웃었다. 그들은 계속 전진해 그들 스스로 설정한 목표를 달성했다. 그들은 고대 로마의 귀족여성과 18세기의 백작부인처럼 집안일과 자녀양육을 하인에게 맡겼다. 그러고는 자본주의 세상에서 가장 사치스럽게 꾸며진 인형이 되고자 몸단장에 몰두함으로써 상업의

---

58 생시몽주의자들은 1830년의 선언문을 통해 생시몽의 종교사상이 "결혼이라는 이름 아래 자기포기와 이기주의, 지성과 무지, 젊음과 늙음의 괴상한 결합을 축복하는 수치스러운 거래, 다시 말해 합법적인 매춘을 종식시켰다"고 주장했다.

발전을 뒷받침하는 역할을 했다. 미국에서는 갑부의 딸과 아내들이 이러한 종류의 해방을 극한까지 달성했다. 그녀들은 아버지와 남편을 수백만 달러의 축재자로 만들고는 그 돈을 미친 듯이 써대고자 했다. 게다가 몸단장만이 자본주의 여성의 활동 전체가 될 수 없으므로 혼인 계약을 기꺼이 파기하고 독립을 주장하면서 여성이라는 종족을 개량하고자 했다. 《공산당선언》은 간통으로 인한 무수한 이혼소송이야말로 '음탕한 사회주의자들'이 해체하려고 하는 '결혼'이라는 신성한 구속을 통해 부르주아 남녀가 서로를 존중하는 방식을 여실히 드러낸다고 꼬집고 있다.

소부르주아의 딸과 아내들이 스스로의 생계를 꾸리고 가족의 재산을 증식하고자 상점에 취직하거나 회사원이나 공무원이 되거나 그밖의 자유직업에 침투하자, 부르주아 남성들은 이미 축소된 자신들의 생계수단이 더 축소될 것이라는 근심에 휩싸였다. 여성이 경쟁자가 되면 상황이 더욱 악화될 것이기 때문이었다. 남성방어에 나선 지식인들은 돈 많은 부르주아 여성들에게 늘어놓았다가 비참하게 퇴짜 맞은 도덕적 설교로부터 시작하지 않는 조심성을 과시했다. 그들은 대신 과학을 동원했다. 그들은 반박할 수 없는 지극히 과학적인 논리로 여성이 집안일을 그만두는 것은 자연과 역사의 법칙을 위반하는 것이라고 주장했다. 지식인들은 스스로 대단히 만족스러울 정도로 여성이 열등한 존재임을 증명했다. 여성은 수준 높은 지적 교육을 받을 능력을 갖고 있지 않으며, 남성과 경쟁하려는 직업분야에서 요구되는 집중력과 활동력과 민첩성이 부족하다는 점을 그들은 입증하려고 했다.

그들은 여성의 뇌는 남성의 뇌보다 작고 가볍고 단순하기 때문에 '아이의 뇌'와 같다고 했다. 또한 상대적으로 발달되지 못한 여성의 근육은 공격하거나 저항할 힘을 갖고 있지 않다고 주장했다. 아울러 팔뚝, 골반, 대퇴부 등 사실상 온몸에 걸쳐 여성이 갖고 있는 뼈, 근육, 신경의 체계는 일상적인 집안일을 처리할 정도밖에 안 된다고 했다. 또한 그들은 유대교와 기독교의 가증스러운 신이 햄족에게 노예의 굴레를 씌웠듯이 자연은 여성의 신체구조를 남성의 시종 역할을 하는 데 알맞도록 설계했다고 주장했다.

역사에는 과학적 사실로 보기에는 극단적인 이런 주장을 놀라울 정도로 뒷받침하는 듯한 사례가 많다. 역사상 언제나 여성은 남성에게 종속된 상태로 집안에 갇혀 있었다고 확인한 철학자나 역사가들도 많다. 가장 심오한 부르주아 철학자인 오귀스트 콩트는 여성의 운명이 과거에 그랬다면 미래에도 그래야 한다고 단언했다. 가장 웃기는 인물인 롬브로소는 콩트보다 한술 더 떴다. 그는 사회적 통계수치를 보면 여성이 열등하다는 사실을 알 수 있다고 정색을 하고 주장했다. 여성 범죄자의 수가 남성 범죄자의 수보다 적다는 이유에서였다. 그렇게 숫자에 몰두했다면 정신병 환자에 관한 통계도 여성이 열등하다는 사실을 입증해준다고 덧붙이는 것도 얼마든지 가능했을 것 같다. 이렇듯 윤리학, 해부학, 생리학, 사회통계학, 역사학 등이 여성에게 '가정의 노예'라는 영구적인 족쇄를 채워왔음을 우리는 알고 있다.

바흐오펜과 모건을 비롯한 여러 인류학자들이 여성의 역할에 대한 역사가와 철학자들의 견해를 수정했다. 그들은 여성을 남성에게 종속시킨 부계사회가 등장하기 전에 여성이 우월한 지위를 가진 모계사회가 어느 지역에나 존재했었다는 사실을 입증했다. 그리스어에는 여성의 두 가지 지위를 반영하는 표현이 있다. 가모장제가 유지된 스파르타에서는 여성을 '집의 여주인' 또는 '주권자'라는 뜻의 '데스포이니아'라고 부른 반면에 그 외 지역의 그리스인들은 아내를 '복종시킨 자' 또는 '정복된 자'라는 뜻의 '다르마르'라고 불렀다. 《오디세이아》에는 나우시카(알키누스 왕의 딸—옮긴이)가 '복종시키지 못한 여자'라는 뜻의 '파르테노스 아드메스', 다시 말해 '남편이나 주인이 없는 여자'로 표현돼있다. 오늘날의 '결혼의 멍에'라는 표현에 바로 이런 고대의 사고방식이 남아있다.

헤시오도스는 가부장적 관습만을 이야기한 호메로스와 달리 가모장제 가정에 대한 소중한 기억을 기록으로 남겨놓았다. 그는 백 살이 된 남자라 할지라도 사려 깊은 어머니와 함께 살았던 시대를 이야기한다. 그에 따르면 남자는 어머니의 집에서 다 큰 '아이'처럼 취급됐다(《노동과 나날》). 그때 '아이의 뇌'를 가진 쪽은 여성이 아니라 남성이었다. 실제로 모든 증거가 여성의 지능이 먼저 발달했음을 증명해주는 것 같다. 이렇듯 여성이 지적으로 우월했기 때문에 이집트, 동인도, 아시아, 그리스 등지의 원시종교에서는 남성보다 여성이 먼저 신격화됐고, 금속가공을 제외한 공예기술 분야의 최초 작품은 남신이 아닌 여신이 만든 것으로 간주됐다. 원래 세 명의 여신인 뮤즈는 그리스에서 아폴론보다 먼저 시와 음악과 춤의 신으로 숭배됐다. '옥수수 이삭의 어머니이자 빵의 여신'인 이시스와 '법을 가져다준 여신'으로 불리는 데메테르는 이집트인과 그리스인에게 보리와 밀을 경작하는 법을 가르침으로써 그들로 하여금 식인풍습을 버리게 했다. 타키투스가 알고 있었던 게르만 족의 경우와 같이 가부장제보다 앞선 시대에 속하는 종족들의 남성에게는 여성이 모종의 거룩함과 신성함을 지닌 존재로 보였다(《게르마니아》). 여성은 신중함과 선견지명을 통해 신성을 얻은 것으로 여겨졌다. 그렇다면 많이 발달하지 못한 초기의 경제환경에서는 자연적인 현상으로서 여성이 지적으로 우월했다고 봐야 하는 것 아닌가?

생명력에서는 어떠한 경우에도 여성이 남성보다 우월하다는 주장이 가능하다. 미국, 잉글랜드, 네덜란드의 보험회사는 지식인이 만들어낸 과학적 허구가 아닌 사망률 통계표를 이용한다. 보험회사가 여성에게 지급하는 연금은 남성에게 지급하는 연금보다 적다. 여성의 사망률이 남성의 사망률보다 낮기 때문이다. 미국과 네덜란드의 보험회사에서 1000달러의 보험금에 대해 지급하는 연금의 예는 다음과 같다.[59]

------

59 프랑스의 보험회사는 성별을 구분하지 않는다. 그러나 이는 지급하는 연금의 금액이 아주 적기 때문이다. 프랑스의 가장 큰 보험회사인 라제네랄(La Générale)에서 1000달러의 보험금을 기준으로 지급하는 연금은 가입자의 연령별로 50세는 64달러 20센트, 60세는 80달러 80센트, 70세는 118달러 50센트, 80세는 134달러 70센트다. 이 회사는 엄청난 수익을 거두고 있다. 1819년에 주당 780프랑이었던 이 회사의 주가는 지난 1월(1904년 1월로 추정됨—옮긴이)에 3만 1300프랑을 기록했다.

연령	뉴욕(남)	뉴욕(여)	네덜란드(남)	네덜란드(여)
50세	$76.47	$69.57	$76.80	$73.60
60세	$97.24	$88.03	$98.50	$93.50
70세	$134.31	$122.48	$142.00	$136.70
80세	$183.95	$168.00	$222.70	$211.70

　이에 대해 남성은 여성보다 더 활동적으로 살아가기 때문에 사고나 질병 등의 원인으로 사망할 확률이 더 높으며, 따라서 여성이 오래 사는 것은 남성보다 생명력이 우월하기 때문이 아니라 사고를 당할 확률이 낮기 때문이라는 반박이 나올 수 있다.

　이러한 반론에 대해서는 여러 나라의 통계자료가 답변을 해준다. 어느 나라에서도 남성의 수와 여성의 수가 똑같지 않나. 남성 1000명에 대한 여성의 인구를 보면 벨기에는 1005명, 프랑스는 1014명, 잉글랜드는 1062명, 스코틀랜드는 1071명, 노르웨이는 1091명이다. 그런데 이렇게 여성의 수가 많은 나라들에서 여아보다 남아의 출생률이 더 높다. 서유럽 전체로 보면 여아 1000명당 남아가 1040~1060명 태어난다. 이렇게 남아의 출생률이 더 높은데도 여아가 오히려 더 많이 살아남고 남아의 사망률이 높다는 사실은 곧 여성의 생명력이 더 강하다는 얘기다. 게다가 여성보다 남성이 사고를 당할 위험이 더 크다는 설명으로 남아의 사망률이 더 높다는 사실을 뒷받침하기가 어렵다. 유아기, 특히 생후 2년 동안에도 남아의 사망률이 더 높기 때문이다. 디프테리아와 백일해를 제외한 일체의 소아질환이 여아보다 남아에게 더

치명적이다. 특히 갓 태어난 시점부터 5세까지의 남아가 취약하다. 10세부터 15세까지의 연령대를 제외한 모든 연령대에서 남성의 사망률이 여성의 사망률보다 높다.

여성의 생명력이 더 강하다는 사실은 여성이 신체기관을 훨씬 더 쉽게 길러낸다는 사실로도 확인된다. 이리브 원장이 근무하는 앙다예 병원에는 파리 지역의 3~14세 아이들이 빈혈증, 초기결핵, 연주창, 구루병 등의 치료를 받으러 온다. 이리브 원장에 따르면 입원한 아이가 퇴원할 무렵인 6개월 뒤에 그동안 몸무게와 몸통의 둘레가 얼마나 더 늘어나고 가슴이 얼마나 더 발달했는지를 재보면 여아가 남아보다 앞선다고 한다. 특히 체중의 증가는 여아가 남아의 두 배에 이르며, 그 이상 차이가 나는 경우도 흔하다는 것이다. 다른 병원의 원장들도 유사한 결과를 보고한 바 있다(〈의학회보〉, 81호, 1903).

여성이 남성보다 생명력이 강하다는 사실은 의심할 여지가 없다. 귀스타브 루아셀은 이런 남녀간의 차이가 태아 시기에도 존재하는가의 여부와 만약 존재한다면 그 원인은 무엇인가에 대해 연구했다. 그는 그러한 연구의 결과를 정리한 논문을 파리생물학회에 제출했고, 학회는 해당 논문을 1903년 11월 6일자 학회지에 게재했다.

루아셀은 르구가 파리 산부인과병원에서 72명의 태아를 대상으로 체중과 크기 등을 측정해 기록해 놓은 792개의 수치를 이용했다.[60]

....
60 르구(C. E. Legou), 〈태아의 발달에 대한 고찰〉, 파리, 1903. 르구가 측정한 체중과 크기 등에 관한 기록은 공적인 용도로 사용됐다.

루아셀은 3개월, 4개월, 5개월, 6개월에 해당하는 태아의 무게를 측정한 자료로부터 다음과 같은 결과를 도출했다.

	남(그램)	여(그램)	차이(그램)
총중량	1908.18	1708.11	200.07(남〉여)
신장	26.87	27.19	0.32(남〈여)
부신	5.15	6.43	1.28(남〈여)
간	88.35	96.31	7.96(남〈여)
비장	2.59	2.38	0.21(남〉여)
흉선	3.89	3.97	0.08(남〈여)
심장	10.97	12.60	1.63(남〈여)
폐	47.29	44.62	2.67(남〉여)
뇌	236.94	235.17	1.77(남〉여)

루아셀은 다음과 같이 말했다. "이들 수치를 검토해보면 신장, 부신, 간, 흉선, 심장에서는 처음부터 여성이 우세함을 알 수 있다. 남성의 총중량이 여성보다 크다는 점을 고려하면 이러한 차이는 더욱 두드러져 보인다."

남성 쪽이 더 무거운 기관의 중량을 총중량에 비교해 그 비율을 계산해본 경우에도 여성이 우세한 결과가 도출된다. 따라서 뇌를 포함한 모든 신체기관에서 여자 태아가 남자 태아보다 절대적 또는 상대적으로 더 무겁다.

	남	여
비장	1/736	1/718
폐	1/40	1/38
뇌	1/8	1/7

아울러 루아셀은 태아의 개월 수에 따라 각 기관의 중량을 총중량에 비교해 그 비율을 계산해본 결과를 표로 만들었다. 그 표에서 뇌와 관련된 수치만 소개하면 다음과 같다.

개월수	총중량(그램)		총중량에서 차지하는 뇌중량의 비율	
	남	여	남	여
3개월	58.33	65.96	1/6.5	1/7
4개월	167.25	182.58	1/7.3	1/6.6
5개월	336.33	295.00	1/7.6	1/7.5
6개월	732.58	636.00	1/8.3	1/7.3

남녀의 성이 결정된 직후인 출생 후 3개월 시점에 남자 태아의 총중량은 여자 태아의 총중량보다 가볍다. 그 뒤로 남아가 급속하게 성장하지만 총중량에 대한 뇌 중량의 비율은 4개월째부터는 여아 쪽이 계속 우세하다.

루아셀은 다음과 같이 말했다. "요컨대 출생 후 4개월이 되기까지는 여자 태아의 신체기관이 모두 다 남자 태아의 신체기관보다 무겁

다. 그 뒤로 남아가 우세한 부분이 생겨나긴 하지만 폐와 생식기관에
서만 우세해진다. 따라서 심근도 항상 여아 쪽이 더 무겁다. 태아 상태
에서 개체에게 실질적으로 중요한 역할을 하는 기관은 어느 것이나 여
성 쪽이 더 우월하다. … 특히 간, 심장, 부신, 신장에서 여성이 우세하
다는 사실을 고려하면 영양소의 흡수 및 불순물의 배출 과정에서 여성
이 남성보다 더 우세하기 때문에 생명력이 여성이 더 강하다는 결론에
이르게 된다."[61]

3

태어날 때부터 여성의 신체기관이 우세하고 일생토록 여성의 생명력
이 더 강한 것은 종의 재생산 과정에서 여성이 담당하는 역할 때문이라
고 여겨진다. 종의 재생산 과정에서 여성의 역할은 남성의 역할보다 시
간이 더 오래 걸리고 힘들다. 남성은 여성에게 수정만 시키면 더 이상
할 일이 없지만, 여성의 노고는 바로 그때부터 임신과 출산에 이르기까
지 여러 개월 동안 계속된다. 미개인 여성은 2년 이상 아기에게 젖을
먹인다. 남성은 자신의 무용함에 대해 엄청난 대가를 치르기도 한다.
짝짓기를 끝낸 암벌은 수벌을 죽인다. 수거미는 자기보다 몸집이 크고

....

61 최근에 개미와 벌을 관찰한 결과에 따르면 수정란에서는 암컷과 일개미, 일벌이 태어나는 데
　　비해 무수정란에서는 수컷이 태어난다고 한다. 따라서 수컷은 상대적으로 단순한 난자에서
　　태어나는 셈이다.

힘도 센 암거미한테 잡아먹히지 않으려면 잽싸게 도망가야 한다. 사카와 부족은 매년 바빌론에서 아시리아의 여신인 '밀리타 아나이티스'를 섬기는 축제를 벌이는 과정에서 이 여신의 화신인 여사제와 성적 결합을 막 끝낸 미남 노예를 제물로 바쳤다. 이렇듯 피비린내 나는 종교의식은 아마존이라는 여인족의 관습을 재현한 것이었던 게 틀림없다.

미개인의 생활방식은 여성이 태어난 뒤로 남성보다 우월하게 발달되도록 한다. 남성과 여성에게는 각각 독자적인 기능이 있다. 태아 시기부터의 분업인 셈이다. 호주 원주민의 생활방식을 보면 상대적으로 근육이 더 발달한 남성은 "싸우고 사냥을 하고 낚시를 한 뒤에는 자리에 앉는다"고 한다. 나머지 일은 모두 여성의 몫이라고 생각하는 것이다. 여성이 수행하는 기능은 이른 시기부터 여성의 두뇌가 활동을 시작하게 한다. 여성은 흔히 100명 이상의 무리가 사는 가족공동체를 돌본다. 여성은 가죽을 비롯한 갖가지 재료를 가지고 옷을 만들고, 텃밭을 경작하고, 가축을 기르고, 온갖 가정용품을 만든다. 여성은 연중 수집된 채소와 가축의 고기를 보존하고 절약하고 요리하고 분배한다. 스칸디나비아 족의 여신인 '발키리'와 호메로스 이전 시대 그리스의 여신인 '케레스'처럼 여성은 전사들을 따라 전장으로 가서 전투를 돕고 부상자를 돌보기도 한다. 이런 여성의 활동은 전쟁에서 이기는 데 커다란 도움이 됐고, 타키투스에 따르면 키빌리스의 지휘 아래 로마의 베스파시아누스 황제에게 대항했던 야만족은 유감스럽게도 아내들이 전장에 따라나서지 않은 탓에 로마의 병사들에게 패배했다고 한다. 마치 '엘레우시스의 신비의식(고대 그리스 시대에 엘레우시스 지역에서 매년 열린 의식—옮긴이)'에서 비전의 지식을 전수받을 수 있도록 선택된 자들과 비슷하게도 플라톤은 사람들이 흔히 생각하는 것보다 고대의 관습을 잘 알고 있었는데, 그 역시 자신이 구상한 공화국을 여성도 전투에 참여하는 나라로 설정했다.

이렇듯 여성이 담당한 역할은 다양했고, 그러한 역할을 수행하면서 심사숙고하고, 계산을 하고, 내일에 대해 생각하고, 장기적으로 앞날을 내다보는 과정에서 지적 능력을 발전시켜왔다. 이 때문에 두개골을 연구하는 학자들이 흑인, 호주 원주민, 아메리카 인디언의 경우에는 남녀간 두개골 용적의 차이가 그리 크지 않지만 문명국가에서는 그 차이가 큰 경향이 있다고 주장하게 된 것 같다. 부주의하고 미래를 내다보지 않는 미개인에게는 여성이 일종의 신성을 가진 존재다. 여성은 출생에서 사망에 이르기까지 남성의 운명을 주재하고, 신의 뜻을 전하며, 선경지명이 있는 존재다. 따라서 일상의 사건과 지적으로 습득한 것을 가지고 종교를 만들기에 이른 남성들은 먼저 여성을 신격화하는 데서 시작해야 했다. 호메로스 이전 시대의 그리스와 로마에서는 각각 '모이라이'와 '파르카에'로 불리는 운명의 여신들이 인간의 운명을 통제한다고 여겼다. 여신들의 이름 '모이라이'와 '파르카에'는 라틴어로 '절약하는', '경제적인'이라는 의미이고, 그리스어로는 '식량이나 전리품이 각자에게 분배된 몫'을 가리킨다.

그리스신화는 고전주의 시대와 알렉산더 대왕 시대의 철학자와 시인들이 지나치게 복잡하게 만들었고, 독일의 신화작가들이 그것을 더욱 복잡하게 만들었으며, 프랑스와 잉글랜드의 신화작가들은 그렇게 한 독일의 신화작가들을 충실하게 모방했다. 그러는 과정에서 사용된 상징적, 우화적, 신비주의적 장식을 제거하고 풍부하고 시적인 그리스신화 본연의 내용만 보면 그것은 선사시대 관습의 보고라고 할 수 있다. 그것은 오늘날 여행가와 인류학자들이 아프리카와 신세계의 미개인 부족에게서 볼 수 있는 것과 같은 선사시대의 생활방식에 대한 기억을 그대로 보존하고 있다. 우리는 그리스신화의 전설을 통해 가부장제로 들어서기 전의 그리스인들이 남성과 여성 간의 지능차이에 대해 어떤 생각을 갖고 있었는지를 파악할 수 있다.

호메로스, 헤시오도스, 아이스킬로스에 의해 '신들의 아버지'로 불린 제우스는 올림포스에서 여신들을 몰아낸 뒤에 지상에서는 이미 몇 세대 전에 구축된 가부장제를 올림포스에 도입했다. 달이 햇빛을 반영하듯 종교적인 천상은 늘 지상의 방식을 반영한다. 제우스는 야만족처럼 주먹을 사용할 줄 알았고(《일리아드》), 자신이 많은 신 가운데 가장 힘이 센 신이라고 자랑했으며, 다른 신들을 지배하기 위해 '힘'과 '폭력'이라는 두 시종을 항상 가까이에 두었다. 그러나 지적인 문제 때문에 제우스는 올림포스의 신들을 통치하는 일에서는 여신의 자리를 대신할 준비가 안 된 상태였다. 헤시오도스에 따르면 제우스는 자신에게 결여된 능력을 보충하기 위해 "인간과 신을 통틀어 가장 현명한" 메티스 여신과 결혼했다. 미개한 야만족은 쓰러진 적의 용맹함을 빨아들여 자기 것으로 만들려고 아직 고동이 멈추지 않은 적의 심장을 파내어 먹는다고 한다. 이와 비슷하게 제우스는 메티스의 '기지'와 '신중함'과 '현명함'을 자기 것으로 만들기 위해 메티스를 살해한다. 그리스어로 메티스라는 이름은 이런 다양한 의미를 가지고 있으며, 그러한 의미는 모두 여성의 특징으로 여겨졌다.

프로메테우스가 제우스를 상대로 악의적으로 벌인 소극으로 판단해보건대 제우스가 메티스의 자질을 자기 것으로 만드는 과정은 오랜 시간이 걸렸을 것이다. 그 소극은 다음과 같다. 프로메테우스가 커다란 황소를 죽였다. 그는 한쪽에 황소의 살코기를 쌓고 가죽으로 덮은 다음 그 위에 내장을 올려놓았고, 다른 한쪽에는 비곗덩어리를 놓고 그 속에 뼈를 교묘하게 숨겨놓았다. '신과 인간의 아버지'는 이렇게 말했다. "아주 서투르게 나누어 놓았구나." 그러자 기민한 프로메테우스가 대답했다. "위대한 제우스신이시여, 당신의 지혜가 조언하는 대로 선택하십시오." 탐욕에 눈이 어두워진 천상의 지배자가 비곗덩어리에 손을 대사 올림포스의 신들은 일제히 웃음을 터뜨렸다. 그 속에서 뼈다귀를 발견한 제우스는 화가 머리끝까지 치밀었다(《신통기》). 가정을 이끌고 재산을 관리하는 데서 남성이 여성을 대신하는 것을 정당화해줄 정도의 지적 능력을 남성이 갖고 있지 못하다는 점을 남성에게 보여주는 시도가 지상에서 요구되지 않았다면 천상의 올림포스에서 이러한 소극이 벌여졌을 리 만무하다.

남성은 폭력으로 가정과 사회에서 보다 높은 지위를 차지했고, 이로 인해 남성은 별로 익숙하지 않은 정신적 활동을 하지 않을 수 없게 됐다. 그러나 그 덕분에 남성은 사색과 발전의 기회를 가질 수 있게 됐고, 그러한 기회는 계속 더 늘어났다. 여성은 '다르마르'라는 그리스어의 표현처럼 '정복된' 상태로 가정이라는 좁은 틀 속에 갇혔을 뿐만 아니라 가정 안에서도 주도권을 빼앗겼으며, 외부세계와 단절됐다. 이리하여 여성이 과거에 향유하던 지적인 발달의 수단은 크게 줄어들었다. 아울러 남성이 여성을 완벽하게 복종시키려는 목적 아래 남성에게는 허용되는 지적 교양을 여성에게는 금지했다. 끔찍한 결과를 초래한 이런 족쇄와 불리한 처지에도 불구하고 여성의 뇌가 계속 진화했다면 그것은 남성의 뇌가 이룩한 진보를 통해 여성의 지능이 득을 보았기 때문이다. 한쪽의 성은 자신이 획득한 자질을 다른 성에게 물려준다. 따라서 어떤 종의 암탉은 많이 발달한 며느리발톱을 수탉에게서 물려받는다. 반면에 어떤 종의 암탉은 비정상적으로 발달한 자신의 볏을 수탉에게 물려준다. 이 점에 대해 다윈은 다음과 같이 말했다. "다행스럽게도 포유류 전체에서 양성의 특질은 일반적으로 공평하게 유전된다. 그렇지 않았다면 공작의 수컷이 장식용 깃털에서 암컷보다 우월한 것처럼 남자가 지적인 능력에서 여자보다 우월하게 됐을 것이다."
(《인류의 유래―성적 선택》)

그러나 우수한 특질뿐만 아니라 결함도 한 성에서 다른 성으로 유전된다. 남성의 뇌가 발달한 것으로부터 여성이 득을 보았다면, 거꾸로 남성이 여성의 지적 활동을 최대한 억제할 경우에는 여성의 뇌 발달이 느려지기 때문에 남성의 뇌 발달도 지연된다. 가축을 번식시키는 일을 하는 사람들은 최선의 결과를 얻기 위해 수컷뿐만 아니라 암컷도 흠잡을 것이 없는 것으로 고른다. 투계를 즐기는 사람들은 수탉뿐만 아니라 암탉을 고르는 과정도 대단히 중요하게 여긴다. 그들은 며느리발톱이 제대로 달리고 투지가 강한 닭만 번식시킨다. 씨족사회라는 공산주의적 체제에서 사유재산 체제로 옮겨온 인류는 하나의 성을 통해서만 발전하려고 한 탓에 다른 성이 장애물로 작용하게 되어 발전이 느려졌다. 남성은 여성에게서 지적, 물질적 발달의 수단을 체계적으로 박탈함으로써 결국은 여성을 인류의 진보를 늦추는 세력으로 만들어버리고 말았다.

실제로 여러 야만족들의 사회를 비교해가며 검토해보면 그런 사회에서는 인간의 정신이 지속적으로 크게 발전했음을 알 수 있다. 야만사회에서는 남성과 여성이 모두 신체적, 정신적 능력을 자유로이 발휘하므로 종의 진화에 동등하게 기여하기 때문이다. 그러나 인류가 문명의 시대에 접어들고 사유재산이라는 개념을 도입하면서부터 종으로서 인류의 진화가 느려졌다. 여성의 발달이 억제되어 과거와 같이 여성이 인류의 발전에 효과적으로 기여하지 못하게 됐기 때문이다. 중국이 천년 이상이나 무기력한 정체상태에서 헤어나지 못한 것은 여성을 집안에 가두어 놓으려고 전족이라는 끔찍한 짓을 저지르면서까지 여성을 퇴화시켰기 때문이다. 유럽 역시 여성의 퇴화로 인해 손해를 보고 있다. 인류는 지난 2000년간 물질적으로 엄청난 진보를 이루었고 인류의 지식도 그동안 많이 축적됐지만, 오늘날 문명인의 두뇌가 그 힘과 능력에서 기원전 4세기부터 기원전 7세기까지의 고전적 시대를 살았던 그리스인의 두뇌보다 더 낫다고 말할 수는 없다. 빅토르 위고나 에밀 졸라와 같은 사람들은 물론이고 그 밖의 대학졸업자나 박사들의 두뇌 속에 아이스킬로스, 아낙사고라스, 프로타고라스, 아리스토텔레스 등은 갖고 있지 못했던 다양한 개념들이 많이 축적된 것은 분명하다. 그러나 그렇다고 해서 그들 또는 그들의 동시대인들이 지닌 상상력이나 지능이 이오니아와 아티카의 시대를 살았던 사람들보다 다양하고 풍부하며 방대하다고 말할 수는 없다. 이오니아와 아티카의 시대를 살았던 사람들은 역사적으로 놀랄만한 과학, 철학, 문학, 예술의 싹을 틔우고 그 꽃이 피어나게 했다. 아울러 그들은 소피스트 철학이라는 섬세하고 역설적인 놀이에 심취했는데, 그와 비슷한 모습은 그 뒤로는 어디에서도 찾아볼 수 없다. 당시에 프로타고라스, 고르기아스, 소크라테스, 플라톤 등의 소피스트들은 이상주의적인 철학에서 제기되는 문제를 비롯한 수많은 문제들에 대해 토론을 하고 의문에 대한 해답을 찾고자 했다. 그러나 지금의 소아시아와 그리스 지역에서 살았던 고대 그리스인이 미개상태에서 벗어난 것은 과거로 더 거슬러 올라가봐야 그때로부터 불과 몇 세기 전의 일이었다. 인류의 발달이 지체된 점을 설명하기 위해 거론할 수 있는 이유는 많겠지만, 가장 주된 이유는 여성의 예속에서 찾아야 할 것이다.

4

자본주의 생산은 값싼 노동력을 확보하기 위해 가정에서 여성이 하던 노동의 대부분을 떠맡고는 노동계급과 소부르주아지의 아내와 딸들을 공장, 상점, 사무실, 교실의 임금노동자 무리에 집어넣어버렸다. 아울러 절박하게 지적 능력을 필요로 하게 된 자본주의 생산은 '여성은 읽고 쓰고 셈하는 정도의 지식만 갖추면 충분하다'는 남성 중심적 윤리의 중심 공리를 내던지고 그동안 소년들에게만 가르치던 기초학문을 소녀들에게도 가르치기 시작했다. 이렇게 첫 단계가 시작되자 여성의 대학입학도 막지 못하게 됐다. 지식인들이 '아이의 뇌'라고 부르던 여성의 두뇌가 모든 학문에 걸쳐 교육을 받는 데서 남성의 두뇌와 같은 정도로 유능하다는 사실이 입증됐다. 여성에게 최초로 교육이 허락됐던 추상적 학문(수학, 기하학, 역학 등)은 여성의 지적 능력이 최초로 겉으로 드러난 분야이기도 하다. 이제 여성은 실험이 수반되는 학문(생리학, 물리학, 화학, 응용역학 등)에도 진출하고 있다. 미국과 유럽에서는 여성이 유아기 이래 놓이게 되는 열악한 발달조건에도 불구하고 남성과 같은 수준으로 전진하고 있다.

자본주의가 여성을 집 밖으로 나오게 해서 사회적 생산에 투입한 이유는 여성을 해방시키려는 데 있었던 것이 아니라 남성을 착취하는 것보다 더 심하게 여성을 착취하려는 데 있었다. 그러므로 자본주의는 여성을 결혼이라는 울타리에 가둘 목적으로 구축된 경제적, 법적, 정치적, 윤리적 장벽이 무너지지 않도록 조심했다. 자본에 의해 착취당하는 여성은 자유로운 노동자라는 비참한 삶도 감내해야 하지만 과거로부터 전해져 내려온 족쇄도 감내해야 한다. 이로 인해 여성의 경제적 비참함은 더욱 심해진다. 여성은 여전히 아버지나 남편에게 복종해야 할 뿐 그들의 도움은 받지 못한 채 자기 힘으로 자기의 생계도 꾸려가야 한다. 그런데 여성은 남성보다 생필품을 덜 필요로 한다는 구실로 남성의 노동에 비해 여성의 노동에 대해서는 훨씬 더 적은 대가만 지급한다. 게다가 상점, 사무실, 학교에서의 힘겨운 일과가 끝나면 가정에서의 노동이 시작된다. 신성하고 가장 고귀한 사회적 기능인 '모성'은 자본주의 사회에서는 경제적, 생리적으로 끔찍한 비참의 원인이 된다. 여성이 처한 사회적, 경제적 조건은 인간이라는 종의 재생산을 위협할 정도다.

그러나 이렇게 억압적이고 고통스러운 조건은 머지않아 여성의 노예상태가 종식되리라는 사실을 암시한다. 사유재산의 등장과 더불어 시작된 여성의 노예상태는 사유재산이 폐지돼야만 종식될 수 있다. 문명화한 인류는 기계적인 생산양식에 억눌려왔지만 이제는 공동재산에 바탕을 둔 사회로 고개를 돌릴 것이다. 그러한 사회에서는 여성이 경제적, 법적, 윤리적 족쇄에서 벗어나 과거의 공산주의적 미개사회에서와 마찬가지로 자신의 육체적, 지적 능력을 자유로이 발달시킬 수 있게 될 것이다.

야만족은 원시적인 난교를 금지하고 성관계의 범위를 성공적으로 제한하기 위해 양성을 분리시키는 수밖에 없었다. 이러한 분리의 과정에서 여성이 선도적인 역할을 했다고 믿을 만한 이유가 있다. 여성 고유의 역할이 성적 분리를 굳어지게 하고 강조되게 했다. 이러한 사실은 종교의식과 각각의 성에 고유한 언어에서, 심지어는 양성간 투쟁에서도 명확하게 드러났다.[62] 양성간 분리는 격렬한 대결의 양상을

---

62 성적 토템을 믿는 호주의 부족들을 관찰한 호위트(A. W. Howit)에 따르면 한 성의 토템인 동물을 다른 성이 죽이면 같은 씨족사회 안에서도 남성들과 여성들이 서로 싸우는 경우가 흔히 있다고 한다.

보이다가 남성이 여성을 잔인하게 복종시키는 형태로 귀결됐다. 경제라는 전쟁터에서 양성간 경쟁이 더욱 더 일반화되고 강렬해짐에 따라 여성의 예속이 점진적으로 약해지고는 있지만 여전히 유지되고 있다. 그러나 오늘날의 양성간 대결은 어느 한 성이 다른 성에 대해 승리를 거둔다고 해서 끝나는 것이 아니다. 왜냐하면 그것은 노동자들이 자본가들에 맞서 벌이는 투쟁의 성격도 갖고 있는 현상이기 때문이다. 여성도 편입된 노동계급 전체의 해방이 이루어져야만 비로소 우리는 양성간 대결에 대한 해결책을 찾아낼 수 있을 것이다.

직업과 기능의 전문화를 억제하고 육체적 노력을 집중력과 지적 능력으로 대체시키는 경향을 가진 생산기술이 등장하고 이어 그 생산기술이 완벽해지면서 남성과 여성을 사회적 노동 안에 점점 더 통합시킨다면 양성이 분리된 상태가 유지되던 미개하고 야만적인 상태는 재현되지 않을 것이다. 그리고 공유재산제는 '전문화'와 관련된 경제적 대결을 종식시킬 것이다.

우리가 여성의 노예상태와 양성간 대결이 종식된 상황을 내다볼 수 있고, 근육과 두뇌가 고도로 발달한 여성과 남성들에 의해 인류가 유례없는 육체적, 정신적 진보를 이루는 상황을 그려볼 수 있다고 하더라도, 자유롭고 평등한 양성간 관계가 천박한 물질적 이익과 그에 따른 저속한 도덕의 영향을 받는 상태로 통합되거나 분리되지 않으리라고 단언하기는 어렵다. 그러나 과거를 돌아보고 현재를 살펴보건대 남성이 성적 욕망에서 유전적으로 여성에 비해 더욱 격렬하고 지속적인데(이는 다른 모든 동물에게서도 똑같이 관찰되는 현상이다), 이런 특징을 가진 남성이 여성에 대한 구애에서 성공하려면 자신의 육체적, 지적 능력을 과시해야 한다는 점에 주목해야 한다. 다윈이 입증한 바와 같이 성적 선택은 동물 종의 발달에서 중대한 역할을 담당해왔지만, 인도유럽계 인종의 인간사회에서는 극히 예외적인 경우를 제외하면 대략 3천 년 동안이나 성적 선택이 그러한 역할을 하지 못했다. 그러나 성적 선택은 인류가 완성되어가는 과정에서 다시금 가장 적극적인 영향력을 발휘하는 요인이 될 것이다.

또한 모성과 사랑은 여성으로 하여금 고대 종교의 전설과 신화에 그 기억이 보존돼있는 원시사회에서 여성이 차지하고 있었던 보다 높은 지위를 되찾게 해줄 것이다.

옮긴이 후기

이 책은 1842년에 태어나 1911년에 자살한 프랑스의 사회주의자 폴 라파르그의 주요 저작들을 묶은 것이다. 그의 출생지는 쿠바였지만 주요 활동무대는 프랑스, 영국, 스페인 등 유럽의 여러 나라였다. 그리고 그의 첫 직업은 의사였지만 오히려 사회주의 운동가, 정치평론가, 문학평론가, 언론인 등으로 더 유명했다. 활동무대와 직업이 다양한 만큼이나 저자의 관심분야 역시 고대 그리스로마 시대의 문화에서부터 당대의 사회현실에 이르기까지 다양했다.

그는 이 책에서 '일할 권리'보다 더 근본적인 것은 무엇인가를 검토하고(게으를 권리), 철학과 어원학, 수사학을 동원해 인간이 갖고 있는 개념과 신화에 대해 논하고(추상적 개념의 기원, 아테나 신화), 자신의 장인이자 열정적인 학자였던 마르크스에 대한 기억을 서술하고(마르크스에 대한 회상), 당대의 자본주의 체제 아래서 동물보다도 못한 대접을 받는 노동자의 처지를 냉소적으로 묘사하고(말의 권리와 인간의 권리), 지식인의 지위와 역할에 대해 논의하고(사회주의와 지식인), 의학적 통계자료를 들면서 여성은 남성보다 열악한 존재가 아님을 역설하고 원시사회에서 여성이 누렸던 높은 지위가 회복될 것이라는 전망을 제시한다(여성문제).

이 책에 실린 글들이 발표된 해는 '게으를 권리' 1883년, '마르크스에 대한 회상'과 '아테나 신화' 1890년, '추상적 개념의 기원' 1898년, '말의 권리와 인간의 권리'와 '사회주의와 지식인' 1900년, '여성문제' 1904년이다.

지금으로부터 한 세기가 훨씬 넘는 과거를 살았고 이제는 '사망선고'를 받았다는 말까지 나도는 사상을 신봉했던 유럽의 지식인 폴 라파르그의 글이 21세기 초의 한국에서 번역돼야 하고 읽혀야 하는 이유는 무엇일까? 영국의 문학가 T. S. 엘리엇의 문예론《전통과 개인의 재능(Tradition and the Individual Talent)》(1919)에는 다음과 같은 구절이 있다. "전통이란 광범위한 의의를 지닌 것이다. 전통은 유산으로 물려받을 수 있는 것이 아니며, 그것을 얻으려면 힘겨운 노력이 필요하다. 전통은 일차적으로 역사의식을 내포한다. … 역사의식이란 모종의 인식을 필요로 하는데, 과거의 과거성에 대한 인식뿐만 아니라 과거의 현재성에 대한 인식도 필요로 한다. … 어떠한 시인도, 어떠한 예술가도 독자적으로 완전한 의의를 지닐 수 없다. 시인이나 예술가의 중요성을 음미하는 것은 죽은 시인들, 죽은 예술가들과 그가 맺은 관계를 음미하는 것이다." 이는 비단 문학이나 예술에만 적용되는 얘기는 아닐 것이다.

이 책은 '폴 라파르그 인터넷 아카이브(www.marxists.org/arachive/lafargue/)'에 실려 있는 영어 텍스트를 기준으로 하되 프랑스어와 독일어 텍스트도 참조하면서 번역한 것이다. 이 책을 번역하는 과정에서 세심한 배려를 해준 출판사 필맥의 관계자분들께 감사를 드린다.